本书受以下单位和项目资助：
广东省水利电力勘测设计研究院
华南理工大学亚热带建筑科学国家重点实验室
国家自然科学基金面上项目（51678248、51878296）
广东电网有限责任公司科技项目资助（GDKJXM20172975）

湛江湾跨海盾构隧道工程关键技术研究与应用

严振瑞　刘庭金　唐欣薇　丁仕辉　著

中国建筑工业出版社

图书在版编目（CIP）数据

湛江湾跨海盾构隧道工程关键技术研究与应用/严振瑞等著.—北京：中国建筑工业出版社，2019.8
ISBN 978-7-112-23730-2

Ⅰ.①湛… Ⅱ.①严… Ⅲ.①水下隧道-隧道工程-盾构法-研究-湛江 Ⅳ.①U459.5

中国版本图书馆CIP数据核字（2019）第090634号

本书针对湛江湾跨海盾构隧道工程，系统地介绍了该工程的项目特点、工程难点及关键技术。主要内容包括：（1）工程综述；（2）工程选址选线及跨海方案的优化设计；（3）高水压软土盾构跨海隧道衬砌结构设计及承载机理研究；（4）海边深厚砂层深挖竖井结构设计；（5）跨海隧道高水压软土盾构设备选型及适应性设计；（6）高水头小直径盾构海底长距离掘进施工关键技术；（7）海边深厚强透水砂层深挖竖井施工关键技术。

本书可供从事水利水电、隧道结构、岩土工程等领域科研、设计、施工技术人员及高等院校师生参考。

责任编辑：辛海丽
责任校对：姜小莲

湛江湾跨海盾构隧道工程关键技术研究与应用

严振瑞　刘庭金　唐欣薇　丁仕辉　著

*

中国建筑工业出版社出版、发行（北京海淀三里河路9号）
各地新华书店、建筑书店经销
北京佳捷真科技发展有限公司制版
北京富诚彩色印刷有限公司印刷

*

开本：787×1092毫米　1/16　印张：9¾　字数：233千字
2019年8月第一版　2019年8月第一次印刷
定价：135.00元
ISBN 978-7-112-23730-2
（34039）

版权所有　翻印必究
如有印装质量问题，可寄本社退换
（邮政编码　100037）

序

  位于广东省西南部的湛江湾跨海隧道工程，是我国首条跨海输水的盾构隧道，也是国内首次下穿亚洲最高等级（45万吨级）人工航道的跨海管道工程。这一调水工程是鉴江供水枢纽工程的重要组成部分，建成后可为广东湛江地区未来发展与水安全保障提供重要支撑，具有显著的经济和社会效益。

  湛江湾跨海盾构隧道工程位于湛江港咽喉要道，航道等级高。由于地理位置的特殊性和地形地质条件的复杂性，隧道施工风险高，难度大，面临着诸多关键技术挑战。隧道外水压力高，跨海距离长，且要穿越强透水砂层、软弱黏土层及黏土—砂互层等多种不同类别地层。同时，海水环境施工对设备及结构防腐蚀提出了更高的要求。湛江湾跨海盾构隧道是鉴江供水枢纽工程的关键工程，它的建设充分展示了跨海输水隧道盾构技术在水利工程领域中的应用。

  工程的相关设计、施工和研究单位对隧道工程的关键技术进行了攻关，开展了脚踏实地的设计与实验研究工作。对线路选址及盾构隧道跨海方案进行了优化，设计了一种新型的跨海隧道专用衬砌管片，针对性开展了盾构设备的选型与功能设计优化，在高水压复杂软弱地质条件下小直径盾构的始发、接收和长距离掘进技术方面取得了突破！

  本书全面总结了该项工程的宝贵经验，为跨海输水工程提供参考与借鉴，对保障湾区滨海城市水安全有重要的意义！本书作者严振瑞和唐欣薇均为我的学生，承担和完成了本工程设计及其科研任务，本人甚感欣慰，特为序。

中国科学院 院士
清华大学 教授 张楚汉
2019年7月于清华园

前 言

鉴江是广东省境内仅次于珠江，粤西地区最大的入海河流，水资源丰富，除满足流域内需求外，还可以满足湛江市东部坡头、南三岛及东海岛的用水需求。鉴江供水枢纽工程是向湛江钢铁项目、中科炼化项目以及外围东海岛经济技术开发区提供工业及居民用水的跨流域调水工程。按钢厂远期2000万吨/年、炼化远期3000万吨/年规模设计，上述钢铁和炼化项目及外围用水总需水量约为3.32亿 m^3/年，除考虑部分利用当地水资源外，由岛外流域引水流量为 $10 m^3/s$。湛江湾跨海管道位于湛江港出海的咽喉要道，北接南三岛，南连东海岛，跨海段长2.75km，需穿越湛江港30万吨级龙腾航道，地理位置十分敏感。该工程是目前穿越航道等级最高、亚洲最深人工航道的跨海管道工程。

本工程对线路选址及盾构隧道跨海方案进行优化，设计了一种新型的跨海隧道专用衬砌管片，针对性开展高水压条件下软土盾构设备的选型与盾构设备适用性功能设计，解决了海边深厚强透水砂层及软弱地层中修建盾构工作井及盾构的始发、接收和高水压条件下盾构海底长距离掘进的技术难题。

湛江湾跨海盾构隧道工程于2011年11月11日盾构始发，2012年12月14日盾构到达，2.75km跨海隧道掘进仅用13个月，平均月进尺超过210m。跨海隧道工程施工质量优良，管片拼装精确，接缝无错台、张开、渗漏现象，止水效果良好，工程建设达到了安全、优质、高效的目的。2015年3月13日开始提前向钢铁项目供水，跨海隧道工程的顺利建成，为按时向湛江钢铁项目供水解决了最关键的技术问题！

本工程已取得3项发明专利和3项实用新型专利，获得2017年度大禹水利科学技术二等奖和2015年度广东省水利学会水利科学技术奖一等奖，为建设高水压软土盾构隧道的设计和长距离掘进不换刀安全施工提供了成套技术，扩展了小直径、高水压盾构隧道长距离掘进的适用范围，社会效益显著，其设计经验、施工工艺和研究成果对其他类似的工程项目具有一定的参考价值。

全书共7章。第1章为工程综述，主要介绍工程背景、项目特点、关键技术难点与创新；第2章介绍了工程选址选线及跨海方案的优化设计；第3章介绍了高水压软土盾构跨海隧道衬砌结构设计，并对其承载机理进行了研究；第4章介绍了海边深厚砂层深挖竖井结构设计；第5章介绍了跨海隧道高水压软土盾构设备选型及适应性设计；第 6 章介绍了高水头小直径盾构海底长距离掘进施工关键技术；第 7 章介绍了海边深厚强透水砂层深挖竖井施工关键技术。

本书由严振瑞负责组织和定稿，严振瑞、刘庭金、唐欣薇、丁仕辉编写，黄文敏、姚晓庆、黄鸿浩协助书稿的整理与校对。

湛江湾跨海盾构隧道工程关键技术攻关与实施应用，不仅凝聚了项目全体工作人员的智慧与汗水，亦得到各级领导的密切关注与业内众多专家的鼎力支持，在此对广东省水利厅、湛江市鉴江供水枢纽工程建设管理处、广东省水利电力勘测设计研究院、广东水电二局股份有限公司、粤水电轨道交通建设有限公司、广东省水利水电科学研究院、华南理工大学等单位表示衷心的感谢，谨以此书献给所有为此项目付出艰辛工作的单位与个人。

限于作者水平，书中不妥之处，敬请广大读者批评指正。

2019 年 7 月于广州

目 录

第1章 工程综述 ··· 1
  1.1 工程背景 ··· 1
  1.2 项目特点 ··· 2
  1.3 技术难点 ··· 3
  1.4 关键技术创新 ··· 4

第2章 工程选址选线及跨海方案的设计优化 ····································· 6
  2.1 跨海管道线路方案选择及跨海选址的优化 ································· 6
  2.2 跨海方案的优化论证 ··· 8
    2.2.1 跨海管道工程地质勘察 ··· 8
    2.2.2 管道跨海方式的选择 ··· 10
    2.2.3 跨海管道埋深的论证及优化 ·· 10
    2.2.4 跨海隧道布置及断面方案的设计优化 ··································· 12

第3章 高水压软土盾构跨海隧道衬砌结构设计及承载机理研究 ················ 15
  3.1 高水压软土盾构隧道衬砌管片设计 ·· 15
  3.2 管片混凝土材料设计 ··· 20
    3.2.1 原材料选取 ·· 20
    3.2.2 配合比及材料性能 ··· 22
  3.3 三维数值模型 ··· 22
    3.3.1 基本假定 ·· 22
    3.3.2 材料本构关系及接触关系定义 ·· 23
    3.3.3 几何模型及网格划分 ··· 23
    3.3.4 荷载模式及边界条件 ··· 23
    3.3.5 结构变形规律分析 ··· 25
  3.4 不同影响因素下管片衬砌结构力学性能分析 ······························· 29
    3.4.1 外水压力 ·· 29
    3.4.2 地层侧压力系数 ·· 35
    3.4.3 封顶块位置 ·· 39

第4章 海边深厚砂层深挖竖井结构设计 ·· 43
  4.1 竖井设计概况 ··· 43

4.2 围护结构数值仿真分析 ... 47
4.2.1 有限元模型 ... 47
4.2.2 始发井围护结构变形与受力分析 ... 49
4.2.3 接收井围护结构变形与受力分析 ... 53
4.2.4 计算分析小结 ... 57
4.3 接收井围护结构施工监测及反馈分析 ... 57
4.3.1 位移 ... 57
4.3.2 钢筋应力 ... 59
4.4 竖井结构计算与稳定性分析 ... 62
4.4.1 底板结构受力计算分析 ... 62
4.4.2 井底土体加固厚度验算 ... 68
4.4.3 内衬结构抗掉落和抗浮验算 ... 69
4.4.4 最大排水量估算 ... 70

第5章 跨海隧道高水压软土盾构设备选型及适应性设计 ... 72
5.1 盾构机选型及适应性设计 ... 72
5.1.1 盾构机型选择 ... 72
5.1.2 适应性设计特点 ... 73
5.2 盾构机技术性能和参数 ... 74
5.3 盾构机部件及功能 ... 78
5.3.1 盾构机主体 ... 79
5.3.2 刀盘驱动系统 ... 87
5.3.3 掘进系统 ... 87
5.3.4 铰接装置 ... 87
5.3.5 注浆系统 ... 88
5.3.6 管片拼装机 ... 88
5.3.7 泥水缓冲气压室 ... 88
5.3.8 环流输送系统 ... 89
5.3.9 后配套台车 ... 90
5.4 泥浆处理及循环系统 ... 90
5.4.1 泥浆处理系统设计 ... 90
5.4.2 泥浆环流系统工艺流程设计 ... 95
5.4.3 泥浆处理系统的管理 ... 97

第6章 高水头小直径盾构海底长距离掘进施工关键技术 ... 98
6.1 移动式反力架盾体顶管法分体始发技术 ... 98
6.1.1 进洞口端头及后座土体加固 ... 99
6.1.2 盾构始发技术特点 ... 99

6.1.3 盾构始发施工流程	101
6.1.4 施工关键技术	104
6.2 长距离软基掘进施工技术	105
6.2.1 盾构掘进循环时间及流程	105
6.2.2 洞内运输及通风和管线布置	105
6.2.3 泥水管理	106
6.2.4 盾构掘进	107
6.2.5 管片拼装	108
6.2.6 背填注浆	109
6.2.7 盾构机泥饼清除技术	110
6.2.8 陡坡段盾构掘进	113
6.3 盾构到达接收施工技术	114
6.3.1 富水软弱地层盾构到达接收新技术的研究	114
6.3.2 到达前准备	118
6.3.3 盾构到达	119

第7章 海边深厚强透水砂层深挖竖井施工关键技术 ········ 121

7.1 地下连续墙施工技术	121
7.1.1 生根式导墙	122
7.1.2 泥浆制备	126
7.1.3 成槽工艺	127
7.1.4 钢筋网制作安装	128
7.1.5 地下连续墙混凝土浇筑	130
7.2 竖井旋喷封底施工技术	131
7.2.1 竖井旋喷封底施工	131
7.2.2 降压井及基坑排水施工	132
7.3 旋喷注浆质量监控系统	135

附录1 符号说明 ········ 137

附录2 建设掠影 ········ 138

第1章 工程综述

1.1 工程背景

湛江市地处祖国大陆最南端,广东省西南部,位于北纬20°12′~21°35′,东经109°31′~110°55′之间,东临南海,南隔琼州海峡与海南省相望,西濒北部湾,北接茂名市和广西壮族自治区,东西宽97km,南北长190km,幅员总面积为12471km²,海岸线总长为1556km,含大小岛屿9个、港湾18处,适于建深水良港的海岸线长达97km。其中,湛江港是世界少有的天然深水良港,是中国八大港口之一,万吨级以上泊位共15个,年吞吐能力达1768万t,成为我国沿海通往非洲、中东、欧洲、东南亚、大洋洲海上运距最短的港口。

湛江市现辖湛江市区、遂溪、徐闻两个县及廉江、雷州、吴川三个县级市,全市有88个乡镇、31个街道办事处、1522个村民委员会、260个社区居委会。全市现有人口713.94万人,其中乡村人口447.91万人,市区人口153.02万人,镇区人口113.01万人。2003年农业总产值183.52亿元,工业生产总产值531.65亿元。湛江市农业自然资源丰富,农、渔生产条件好,是我国蔗糖、热带作物、水果、水产的重要生产基地。

湛江市市区包括赤坎、霞山、麻章、坡头和东海岛开发试验区,面积1460km²,人口128万人。湛江市水利局2001年编写的《广东省湛江市江河流域综合规划报告书》,对湛江市管辖范围进行了全面的水资源综合分析、平衡与规划。根据该报告预测,湛江市区至2010年缺水量为25971.46万m³;至2020年缺水量为54209.95万m³。规划通过鉴江挡潮蓄淡工程、鹤地水库加固扩建及渠系改造工程、修建南三水库、五里山水库和海湾水库等工程解决。

湛江市地表多年平均径流量为168.86亿m³,可开发的浅层地下水为20.99亿m³,多年平均水资源总量约为189.85亿m³,人平均年水资源占有量为2659m³。从水资源占有量看,湛江市范围的水源并不缺乏,属于工程性缺水。实施规划工程后,可以满足湛江市近远期规划的供水需求。

从湛江市范围的水资源分析情况看,鉴江是流经湛江范围的最大河流,鉴江水量丰富,目前径流的利用率较低,大部分径流流入南海,湛江市是广东省工程性缺水较严重的地区,为了解决湛江市的用水问题,建设鉴江口蓄、引水工程十分必要。

宝钢与韶钢、广钢集团在湛江市东海岛建设钢铁项目,而湛江市作为粤西经济相对薄弱的地区,钢铁项目建设将推动广东省经济协调持续稳定高速增长,使湛江市经济发展突飞猛进。然而,钢铁项目近期需水量为20万t/d,远期需水量为40万t/d,水源成为关键环节。为满足钢铁项目及东海岛外围工业和生活用水要求,水源须具有丰富的水量和较大的调节库容,其中,鉴江是湛江市范围内符合条件的主要水源。因而,建设鉴江口蓄、引水工程势在必行,该工程被列入广东省"十一五"规划的重点项目,其建设对促进钢铁项目建设具有深远意义!

湛江湾跨海盾构隧道工程是服务于湛江金三角经济开发区工业及居民用水的跨流域调水工程,是鉴江供水枢纽工程的主要组成部分。工程功能为:通过泵站及管道送水至湛江钢铁基地、东海岛及外围,供水保证率为97%,供水能力为 $10m^3/s$;年均供水量为:近期1.4亿 m^3,远期2.8亿 m^3(钢铁基地:1.6亿 m^3,东海岛:0.85亿 m^3,南三岛、坡头:0.35亿 m^3)。

整个输水工程线路总长39.5km,其中,鉴江泵站至钢铁工业基地分水口的主干线长26.2km,钢铁工业基地至红星水库的支线长13.3km。湛江湾跨海盾构隧道是主干线的组成部分,位于湛江湾口最窄处,距离长达2.75km,是全线的控制性工程。

湛江湾跨海盾构隧道北接南三岛,南连东海岛,位于湛江湾峡口位置。此处水深流急,水位受海洋潮汐的影响明显,亦是进出湛江港的咽喉,水面航运非常繁忙,地理位置十分敏感。盾构隧道作为输水专用隧道,由始发井、海底隧道和接收井三部分组成。海底隧道包含两端斜坡段和海底平直段,其线路设计为:由始发井起点中心高程-15m依坡率3.946%降至-56.0m高程后折为水平,斜坡段长1039m,水平段长600m;再依坡率3.0927%上升至-21.64m高程到达接收井,斜坡段长1111m。总体而言,海底地形起伏不大。隧道所处海底地形及穿越地层情况如图1-1所示,所处地层主要为黏土层(局部夹中粗砂或细砾砂)和砂层,穿越土层主要物理力学参数列于表1-1。基于以上水文地质条件,工程选用泥水平衡式盾构施工,隧道承压最大水头逾60m。

土层物理力学参数　　　　　　　　　　　　　　　　表1-1

土层类型	中细砂	黏土	黏土夹粗砂
重度(kN/m^3)	19.5	18.0	20.1
黏聚力(kPa)	—	22.6	—
内摩擦角(°)	28.0	15.3	30.2
侧向土压力系数λ	0.39	0.51	0.32
基床系数(MN/m^3)	22.0	21.8	35.0

为节省工程费用,本项目采用城市地铁常用的盾构机掘进,隧道外径为6.0m,以便盾构设备重复利用。区别于常规输水隧洞,湛江湾隧道内铺设2根DN1800输水钢管,由于施工时操作空间的要求,隧道内检修通道及其他通风、照明等辅助设施的布置空间要求,选择盾构内直径为5.1m。隧道横断面如图1-2所示。

1.2 项目特点

本项目是小直径盾构在高水压复杂软土地层条件下长距离掘进的技术突破,存在以下特点:

(1)位于湛江港咽喉要道,航道等级高,靠近锚地;

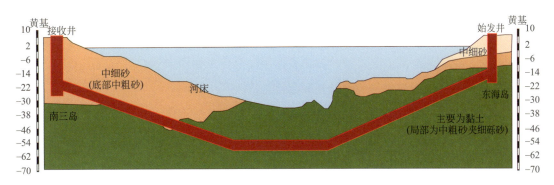

图 1-1 盾构隧道沿线地质剖面图

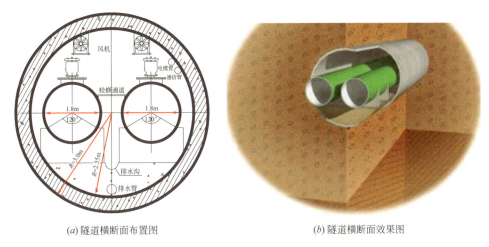

(a) 隧道横断面布置图　　　　　(b) 隧道横断面效果图

图 1-2 隧道横断面

（2）峡口水深大，最大水深近 50m，隧道最大水深 60m，最大外水压力高达 0.65MPa；

（3）工程地质条件复杂，隧道穿越强透水砂层、软弱黏土层及黏土夹砂互层等多种不同类别地层，且局部地层存在致密坚硬钙质铁质结核层；

（4）隧道跨海距离长，单端掘进长 2.75km，隧道外径 6.0m，衬砌后内径 5.1m，小直径盾构长距离跨海掘进施工难度大；

（5）工作井直径大，开挖深度大，且穿越海边深厚强透水地层；

（6）海水环境条件施工对设备及结构防腐蚀提出更高要求。

1.3　技术难点

1. 地理位置特殊

隧道位于湛江湾口最窄处，扼守湛江港进出咽喉，航道繁忙，峡口水深流急，且受到航道疏浚和船舶抛锚带来的地形冲淤影响，使隧道上方覆土厚度发生变化。

2. 盾构设备选型与设计

盾构设备需要同时适应砂层、黏土层和黏土夹砂互层等多种复杂软弱地层条件。盾构机在石英含量高的砂层长距离掘进时，刀具磨损大，高水压条件下刀具更换困难；在黏土层掘进时，刀盘易结泥饼；地层局部存在致密坚硬的钙、铁质结核层。因而，刀盘和刀具配置难度大，且因长距离施工，刀盘刀具设计需满足更高要求。

3. 软弱地基深厚砂层中盾构机始发和接收难度大

工作井所处地层为深厚砂层且深度大，砂层与海水直接连通，自稳能力差。尤其邻近接收井位置隧道周边被强透水性砂层包围，盾构到达接收过程中易产生涌水、涌砂、崩塌等现象，出现安全质量事故，施工难度极大。

4. 盾构隧道在海底高水压复杂地质条件下长距离掘进施工风险高、难度大

（1）湛江湾峡口水深流急，受潮汐影响，隧道最大水深达60m，最大外水压力约0.65MPa，对衬砌结构抗外压能力提出更高要求，高外水压力对设备和管片密封防水性能要求更高，且盾构机在强透水性砂层掘进时掌子面平衡控制难度大；

（2）海底施工不能在中途设置工作井，隧道单向掘进距离达2.75km，对设备的可靠性和耐久性要求高；

（3）长距离掘进在施工运输、通风等方面存在诸多困难；

（4）整个跨海隧道线路存在两个坡度较大的斜坡段。下坡段掘进易出现电机车溜车事故，而上坡段则易出现盾构后退现象，严重影响施工安全。因而，大坡度掘进对工程安全施工提出挑战！

1.4 关键技术创新

湛江湾跨海隧道工程是国内首条跨海输水的盾构隧道，也是国内首次下穿45万吨级（亚洲最高等级）人工航道的跨海隧道。根据建设需要，本工程优化了线路选址及盾构隧道跨海方案，设计了一种新型的跨海隧道用衬砌管片，针对性开展高水压下小直径软土盾构设备的选型与适应性设计优化，解决了高水压下小直径盾构在复杂地质条件下长距离掘进的施工技术难题和海边深厚砂层深挖竖井结构的设计与施工技术难题。

首次提出高外水压力（0.65MPa）条件下衬砌设计采用两道橡胶止水加结构自防水不设二次衬砌的整体防渗体系，设计了一种结构简单、耐腐蚀、抗外压且不易二次变形、错台的跨海盾构隧道新型衬砌管片。

针对本工程小直径盾构在跨海高水压复杂地质条件下长距离掘进的特点，对盾构机的刀盘结构和刀具配置进行了适应性的设计改进，避免了在海底开仓换刀的风险；研发了"一种新型的盾构机盾尾密封装置的使用方法"，盾尾密封采用4道盾尾刷设计，在前刷、中刷、尾刷上增设了带折角的弹性钢片夹裹弹性钢丝，另在尾刷上增设了一个弧形向外的弹性钢片，有利于密封盾壳与洞壁的渗透通道，改进了盾尾密封性能，大大降低施工风险。

发明的"消除盾构机土舱或泥水室内泥饼的方法"，通过设置在盾构机土舱或泥水室密封隔板上的喷射孔向盾构机喷射高压液流，对土舱或泥水室内的泥饼进行旋喷切割，然后用盾构机的排渣系统对切割下来的渣土进行外排，可有效解决小直径盾构在高水压复杂

地质条件下长距离掘进的泥饼问题;研发的"一种盾构机到达掘进终点的接收结构"及"一种快速固结软基的装置及施工方法",由接收井洞门前端的三道低强度(0.5MPa)塑性防渗墙与接收井的井壁围封成一个竖向封闭区间,形成接收井前室,在前室富水软弱地层中采用双重真空装置进行快速排水,加快前室内水位降低及土体的固结,无须进行洞门前大面积土体加固,实现盾构机在高水压复杂地质条件下的安全接收。

海边深厚强透水砂层深挖竖井采用地下连续墙、高喷墙围封与排水降压相结合的综合防渗方案。采用新型"生根"形式的地下连续墙导墙,可有效增强槽孔顶部的稳定;采用冲锤钻进施工导向孔,利用导向孔引导抓槽的地下连续墙施工新方法,能有效控制砂层中地下连续墙的垂直度,保证地下连续墙平整不开叉,从而有效保证深槽地下连续墙整体防渗效果;研发的"带有施工质量监控设备的高压喷射注浆系统",成功克服了以往高压喷射注浆施工质量控制依赖人为经验判断的不足。

上述关键技术已成功应用于鉴江供水枢纽湛江湾跨海隧道工程。经过跨海管道工程选址选线及跨海方案的设计优化,减少直接工程投资约15.2亿元,节约长期运行费用7680万元/年,经济效益显著。湛江湾跨海盾构隧道工程于2011年11月11日盾构始发,2012年12月14日盾构到达,2.75km跨海隧道掘进仅用13个月,平均月进尺超过210m。

跨海隧道工程设计技术先进,施工质量优良,管片拼装精确,接缝无错台、张开、渗漏现象,止水效果良好,工程建设达到了安全、优质、高效的目的,如图1-3所示。跨海隧道工程的顺利建成,为按时向湛江钢铁项目供水解决了最关键的技术问题。随着国内水利、市政等基础设施建设投入的持续推进,跨流域调水、跨江越海市政管道等项目需求越来越频繁,湛江湾工程关键技术对沿海复杂软土地区跨江越海盾构工程的建设,具有重要的借鉴意义!

图1-3 已贯通的盾构隧道

第 2 章　工程选址选线及跨海方案的设计优化

湛江湾跨海管道方案是整个鉴江供水枢纽工程的难点和制约枢纽工程总体布局的关键，对枢纽工程输水线路布置及控制工程总投资具有决定性影响。湛江湾跨海管道方案论证存在以下难点及关键技术问题：

（1）由于所处的地理位置特殊性和地形条件限制，查明湛江湾海底地形和地质条件异常困难。跨海管道选址位于湛江湾入口咽喉要道，进出港口航道繁忙，峡口水深、风高、浪急，海流条件复杂，地质勘察工作难度大。本工程跨海管道的工程地质勘察成为跨海管道方案论证的关键技术问题之一。

（2）跨海管道穿越湛江港出海唯一的海上咽喉要道，地理位置敏感，地形条件特殊，跨海管道选址受诸多因素制约。跨海管道线路选择对枢纽工程输水线路布置及控制工程总投资具有决定性的影响。因此，跨海管道选址也是方案论证的关键技术问题之一。

（3）跨海管道要穿越规划 45 万吨级亚洲最深的人工航道和锚地，跨海管道只能采用海底穿越方式，且埋深必须保证同时满足管道和航道的安全。峡口地区海流复杂多变，海流和航道疏浚及船舶抛锚等都会影响海底地形的冲淤演变，管道埋深需充分论证；湛江湾峡口水深大，最大水深近 50m，跨海距离超过 2.5km。在海底高水压复杂地质条件下进行长距离施工，无论采用顶管还是盾构方案，其施工风险性及穿越难度均不容忽视，国内外鲜有工程案例。因此，跨海方式的选择是跨海方案论证最关键的技术问题。

（4）钢铁项目对供水保证率要求极高，须保证不间断供水。钢厂自设安全水池容积有限，调节能力弱，跨海管道的输水形式是采用隧道内铺双管供水还是隧道单管供水另设备用水源供水，亦需要综合比较论证。

2.1　跨海管道线路方案选择及跨海选址的优化

输水工程的线路优化既涉及工程量、工程投资、运行管理费用等定量指标，又涉及施工环境条件、征地拆迁难易等定性指标，是一个复杂的多目标决策问题。工程的选址选线和总体布置方案的科学确定，对工程的技术经济合理性具有重要作用。经规划、地质、水工、施工、征地等多专业的反复论证，本工程优选一条经济合理、技术先进的输水线路方案，为工程建设的高效、优质、安全打下坚实基础。

湛江湾呈树枝状自南向北伸入内陆 50 多公里，水源地到东海岛须跨越湛江湾。湛江湾峡口水深流急，且为进出湛江港的咽喉，航道非常繁忙，地理位置的特殊性和地形、地质条件限制，成为制约工程实施的主要障碍。常规绕行方案为管线绕过湛江湾深水航道，主管由鉴江泵站向西穿过坡头区，在欧烟楼附近以沉管方式穿过五里山港至湛江市赤坎区登陆，绕过湛江经济开发区后沿北南偏西向行至南山，设加压泵站，此后管线由南山加压站沿北南偏东向行至森林公园后沿北南偏西方向行至湖光,再沿东北大堤侧以架空钢管行至东海岛,此后管线向东至红星水库设入库分水口,分水后支管继续向东至湛江钢铁基地的安全水池,该方案管线长约72.7km。

水源地到东海岛钢铁基地交水点的直线距离仅25km,湛江湾峡口深海跨越方案线路长度大大缩短,但前提是必须解决湛江湾峡口深海跨越的技术难题。经多次现场查勘拟定的湛江湾跨海方案线路由鉴江泵站起,向南偏西穿过坡头区乾塘镇至南三出海口,以沉管穿过南三出海口至南三岛,再沿南偏西方向穿过南三岛至湛江湾入海口,在湛江湾入口处海底穿过湛江湾至东海岛湛江钢铁基地,此后管道由东向西穿过钢铁基地及中科炼化厂至红星水库。湛江湾跨海方案泵站至钢铁基地分水口的主干管长26.2km,钢铁基地至红星水库的支管长13.30km,干支管总长39.5km。

从线路长度、泵站级数及装机规模、征地移民、工期及施工难度、工程投资及运行费用等方面对两方案进行综合比选,管道线路方案比较列于表2-1。

线路方案综合比较表 表2-1

项目	线路1(湛江湾跨海方案)	线路2(绕行方案)	优缺点比较
线路长度	39.5km	72.7km	绕行方案线路长度增加33.2km,其线路长度是湛江湾跨海方案的1.85倍
泵站级数及装机规模	1级 10000kW	2级 20780kW	绕行方案管线长,线路水头损失增加一倍,需要增加压泵站一座,装机增加10780kW
征地移民	管线所经过地区大部分为水塘、林地和水田。永久征地39.6亩,临时征地1712.67亩,搬迁人口126人,征地移民投资2919.39万元	穿过湛江市霞山居民住宅区、商业区、工厂、学校。永久征地67.4亩,临时征地2999.49亩,搬迁人口982人,征地移民投资6827.11万元	湛江湾跨海方案征地比绕行方案少,搬迁量不大,征地投资少3072.04万元;绕行方案影响范围广,企业、人口搬迁处理复杂,征地投资大
施工难度及工期	沿线可利用的场地较宽阔,可满足工程各施工项目所需临时征地要求。南三出海口沉管施工长度1.213km,最大水深9.2m,施工难度较大;湛江湾跨海盾构长2.5km,航道水深近50m,施工难度大	沿线部分经过城区,施工场地布置较困难。五里山港沉管施工长度2.8km,水深较深,船只往来频繁,施工难度较大;经过湛江堵海东北大堤段为架空钢管,长度4.4km,施工工期较长	总体上湛江湾跨海方案跨海施工难度较大;绕行方案线路较长,穿湛江市城区征地困难,施工工期较长
工程投资	134419.8万元	286573.39万元	湛江湾跨海方案少152153.59万元
运行费用	6179万元/年	13859万元/年	湛江湾跨海方案少7680万元/年

经综合比较:湛江湾跨海方案线路短33.2km;泵站装机少10780kW;征地、移民和拆迁量较少,实施相对容易;工程投资少15.2亿元;年运行费用少7680万元/年。虽然湛江湾跨海方案需跨越湛江湾深海航道,施工难度大,但湛江湾跨海方案在管线长度、泵

站装机规模、征地面积及难易程度、工程投资、年运行费用等方面优势明显,因此,推荐采用湛江湾跨海方案。

2.2 跨海方案的优化论证

根据实测水下地形图(图 2-1),湛江湾峡口段为海底深槽,靠内口最大水深达 50.2m,随着峡口宽度的增加,深槽向外海逐渐抬升。考虑到深槽内口南三岛端有当地重要建筑物靖海宫(即龙王庙),东海岛侧有海军南海舰队一处军事设施,因此,跨海管道选址位于峡口靠外海侧。

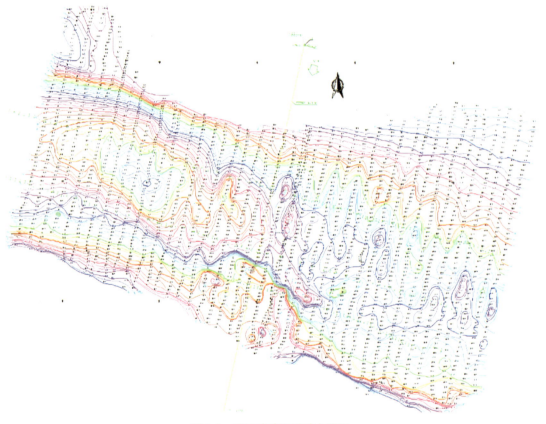

图 2-1 湛江湾跨海隧道水深图

2.2.1 跨海管道工程地质勘察

湛江湾内有南三岛、特呈岛、东头山岛和东海岛环绕,呈树枝状自南向北伸入内陆 50 多公里,湾内潮汐通道 10m 深槽向北可延伸至调顺岛附近。根据有关文献,该湾在低海面时期曾为陆上河谷,第四纪冰后期海浸淹没河谷变成现状海湾形态。南三岛与东海岛间峡口宽约 2.5~4km,海水最大深度约 50m,海底地形总体较平缓。前期物探揭示:在峡口东海岛侧海底存在一个平台和 F2 陡坎(图 2-2),F2 疑为断层错断所致,因此,有必要

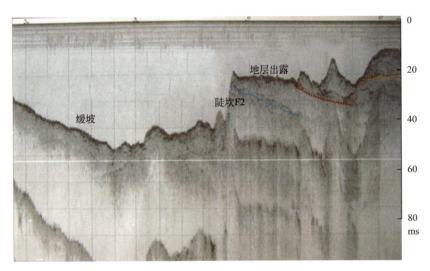

图 2-2 浅层地震探测剖面图

通过勘察手段查明峡口成因及是否存在活动断裂带。

另外，区域构造上湛江湾处于华南褶皱系雷琼断陷盆地东北部，地表均被第四系松散沉积层或玄武岩及风化残积层覆盖，东海岛龙水岭一带多处出露第四系玄武岩地层。同时，海军航海图上的湛江湾峡口亦标示有"岩石"出现，管道穿越地层是否存在玄武岩地层对跨海管道的方案影响大，勘察工作必须查明管线区域是否分布玄武岩。峡口地带作为重要的海上通道，是否存在古沉船等障碍需要通过技术手段予以查明。

湛江湾峡口水深流急、航道繁忙，水下地形测量和地质勘察受海流、台风等自然条件和港口航运等多因素的制约，勘测工作审批周期长，海上有条件作业的时间十分有限，勘测工作难度大。通过沿管道拟选线路布置的钻探和两侧各 2km 范围的物探相结合，较好地解决了海上地质勘察问题。

物探应用旁扫声呐、浅层地震和单道地震多种手段进行了综合探测。单道地震资料显示：R2 界面于陡坎 F2 下方穿过（图 2-3），其波组反射能量强，连续性好，未显示地层错断，据此推断地表陡坎地形的形成并非深部断层错断引起的。地质勘探揭示海底"陡坎"以上是北海组（Q_2^{pal}）地层，表面分布一层铁质层，铁质层抗侵蚀较强，形成侵蚀平台。"陡坎"下部为一深槽，峡口部位由于特殊的地形、地质条件、水文条件，造成强烈底蚀作用，形成深槽，深槽长度与峡口长度一致，峡口往东西两侧变宽，深槽亦随之消失，证明深槽非地质构造形成。

地质勘探揭示隧道沿线为深厚第四系覆盖层，地层为中全新统海风混积（Q_4^{2meol}）③-1 层中细砂、中全新统海相沉积（Q_4^{2m}）③-2 层中细砂、中更新统北海组（Q_2^{pal}）⑤层中细砂和下更新统湛江组（Q_{1z}^{mc}）⑥层黏土夹砂等地层，其中⑤层底部和⑥层中上部局部分布铁质层，即铁质胶结的粉细砂薄层和钙质结核，呈致密坚硬状，厚度多为 1～5cm，最厚达 10cm。综合钻探和物探成果，基本确认跨海管道经过区域不存在玄武岩地层及古沉船等大型障碍物。

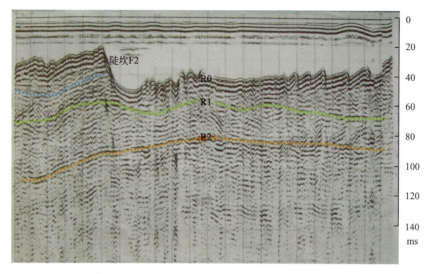

图 2-3　单道地震探测剖面图

2.2.2　管道跨海方式的选择

湛江湾航道水深为 30～50m，作为湛江港进出的咽喉，航道作业非常繁忙。同时，湛江湾作为重要的战略通道，不允许在其海面封航进行施工作业，不具备空中跨越和水中铺设条件。因此，湛江湾过海管只能选择对港口和航道影响极小的海底穿越方式。

区域地质资料揭示，本地区海相沉积层厚达几百米，基岩埋藏深度达 800～1000m，亦不具备采用钻爆隧道的技术条件。由于湛江湾峡口水深大，地质条件复杂，跨越距离长，无条件设置中途工作井，无论采用顶管、盾构还是定向钻穿越方案，均已超出国内外已建工程的极限。

本工程输水管道的管径为 $\phi1800$～$\phi2000$mm，跨海段长度 2.75km，管径、长度均远超出定向钻穿越的适用范围。根据湛江湾跨海管道的特殊地形、地质条件，参考国内黄河、长江、珠江等顶管和盾构穿越的成功经验，工程对选择采用顶管和盾构方案进行了综合比选：主要考虑顶管方案单端顶进距离长达 2.75km，地质条件复杂，加之在海底强透水砂层深层顶进，一旦在海底遇到不可预见的地质条件及设备故障等，将造成无可挽回的损失，甚至导致整个工程报废，施工风险极大，国内外未见有类似工程的成功案例。因而，否定顶管方案。

虽然国内外未见类似高水压、小直径、长距离的跨海盾构隧道案例，但国内外已有不少高水压、大直径、长距离的跨海越江盾构隧道的成功案例，亦有高水压、小直径但穿越距离较短的跨海越江盾构隧道的成功案例，因此，湛江湾工程推荐采用盾构隧道方案。

2.2.3　跨海管道埋深的论证及优化

跨海管道顶面埋深主要考虑：设计代表船型满载要求的航道水深、跨海管道所在水域的最大水深、预备水流冲淤的深度及船舶抛锚时富裕安全深度。同时，为了跨海管道自身安全，管道顶部距海床底需满足抗浮安全覆盖厚度要求。

1. 航道水深要求

根据《湛江港港口总体布局规划》，东头山岛港区东海岛北部 6.5km 深水岸线区的龙腾至蔚律段，水深条件良好，适合建设 10～30 万吨级码头。湛江钢铁项目正在东海岛东北部建设 30 万吨级铁矿石卸船泊位及 10 万吨级煤炭卸船泊位码头。湛江港已于 2007 年底开通 30 万吨级航道，航道设计底宽为 310m，底高程为 −23.12m（采用 1956 黄海高程系，下同），成为亚洲地区迄今最深的人工航道。规划未来湛江港航道全潮双向通航 45 万吨级油轮，航道设计底宽为 660m，底高程为 −28.43m。

2. 跨海管道所在水域最大水深

按湛江港总体规划，东海岛港区龙腾～蔚律～崩塘一段约 6.5km，岸线水深在 −26～−40m，−30m 等深线距岸约 0.2～0.3km。根据 2006 年 2 月测量的工程区域的水下地形图，跨海管道处海域实测最大水深点的高程为 −50.2～−39.5m，远超航道水深要求。

3. 水流冲刷深度

东海岛东北大堤建成后，湛江港内涨、落潮主要由湛江湾口门进出，即增加了湛江湾内湾口至沙湾水道之间海域的过水量，从而导致该段海域的冲刷，其中：1953～1965 年期间，东北大堤建成之初，冲刷量较大，12 年累计冲深达 1.32m，每年平均冲深约为 0.11m；以后冲刷明显放慢，并随着时间的延续，目前该段海床变化已趋稳定，基本呈冲淤平衡状态。比较前后水下地形图，发现海底深槽海床虽基本处于冲淤平衡状态，但受船锚等干扰和海流作用，槽底沙陇和坑槽发育，尚处动态平衡。安全起见，应预留足够的水流冲深厚度，管道宜埋设在该海域可能最深海槽以下。

4. 规范要求安全深度

跨海管道穿越水域有锚地，考虑航槽底质相对松软，锚较易移动，因此，按规范要求取安全富裕深度不小于 2.0m。航道范围内跨海管道埋设顶高程以航道最深处的航道底标高控制。适航水域的管道埋设顶高程按下式计算：

管道埋设顶高程＝深槽现状最大水深处高程－预备冲淤厚度－安全富裕深度

5. 隧道抗浮最小覆盖厚度

根据相关规范隧洞长期组合抗浮安全系数要求不小于 1.1，短期组合抗浮安全系数不小于 1.05。国外隧道规范规定：水底隧道的最小覆盖层厚度必须大于盾构直径（日本）或等于盾构直径，覆盖层宽度应大于或等于盾构直径的 6 倍。考虑到湛江湾海底覆盖层较松散，预留一定的冲淤厚度，跨海盾构隧道最小覆土厚度取不小于隧洞直径的 2 倍。

6. 隧道工程地质条件

跨海管道沿线主要为海底地形，地面高程为 8～−39m，坡度一般小于 7°，总体平缓开阔。场地为深厚第四系地层，主要为：中全新统海风混积（Q_4^{2meol}）③-1 层、中全新统海相沉积（Q_4^{2m}）③-2 层、中更新统北海组（Q_2^{pal}）⑤层和下更新统湛江组（Q_{1z}^{mc}）⑥层等。对于高水压条件下的跨海隧道，施工期及运行期的稳定和防水是主要问题，而湛江湾第四系地层中除下更新统湛江组（Q_{1Z}^{mc}）⑥层中的黏土呈弱透水性外，③-1层、③-2层和⑥中的夹层砂主要呈中等～强透水性，地下水位基本与海平面持平。

为保证高水压条件下隧道施工及运行安全，隧道最小埋深除满足抗浮安全要求外，还应满足隧道结构的稳定要求，即最小埋深宜大于隧道直径的2倍。结合跨海隧道地质剖面图，隧道顶部如有一定厚度的黏土层对隧道稳定和防水有利，因此，隧道宜布置在下更新统湛江组（Q_{1Z}^{mc}）⑥层中。

2.2.4 跨海隧道布置及断面方案的设计优化

普通地铁盾构设备难以适应本工程高水压下长距离软土掘进的需要，而盾构设备购置费用高，从考虑盾构设备摊销以降低工程投资着想，方案1采用盾构内铺双管方案，见图2-4（a）。选择接近地铁隧道的盾构直径，使得盾构设备重复利用。隧道内铺设2DN1800钢管，考虑钢管施工期拼焊空间、运行期检查通道以及隧道内其他辅助设施（通风、照明、排水、通讯、安全监测等）的布置空间要求，选择盾构内径为DN5100。盾构隧道需承受65MPa外水压力及土压力，采用加强型管片，确保密封止水效果，管片主止水采用两道三元乙丙弹性橡胶密封垫。

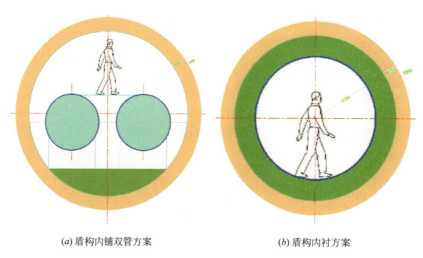

(a) 盾构内铺双管方案　　　　　　　　(b) 盾构内衬方案

图2-4　跨海盾构隧道布置方案比选示意图

方案2（盾构内衬方案）考虑采用隧道直接输水，见图2-4（b），单管内径DN2600。隧道结构采用组合式，外圈采用盾构管片，外直径D4100，管片厚度300mm，内衬DN2600加肋钢管，钢管壁厚24mm，肋高150mm，盾构管片与钢管间灌注自密实混凝土填充。管片主止水采用一道弹性橡胶密封垫。盾构隧道输水，故除安全监测设施外，无其他辅助设施。为满足检修期钢厂不间断供水要求，需配置备用水源，考虑在东海岛红星水库设置备用泵站，在盾构隧道检修时利用红星水库给钢厂供水。

经综合比较（详见表2-2），本工程采用盾构内铺双管方案，隧道典型断面如图2-5所示。

第 2 章 工程选址选线及跨海方案的设计优化

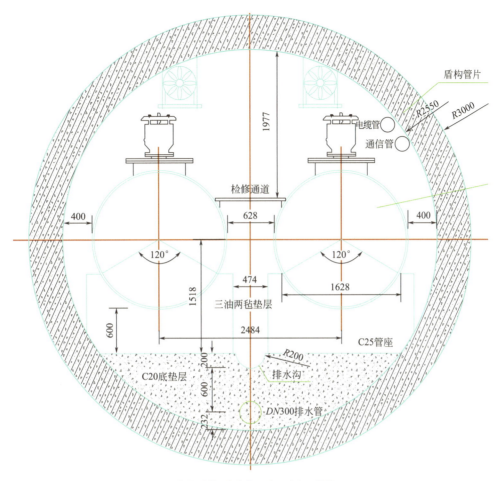

图 2-5 跨海盾构隧道典型断面图（单位：mm）

隧道断面方案比较表　　　表 2-2

项目	方案 1：盾构内铺双管方案	方案 2：盾构内衬方案
	D6.0m 盾构＋2DN1800 双管	D4.1m 盾构＋1DN2600 单管
异同点	保证率高，检修期可以供 70%流量	需备用水源及泵站保证检修期供水
	盾构直径大，管片厚，止水要求高	盾构直径较小，管片薄，止水要求相对稍低
设备要求	工期差别不大；盾构设备尺寸方面比较通用，购买方便。工作井直径大，投资较大	盾构设备不通用，现有使用中设备较少。工作井直径较小，节约部分投资
投资	盾构及管道：23985.94 万元	盾构及管道：19258.75 万元
	辅助设施：366.87 万元	备用泵站：1903.0 万元
	总投资：30971.05 万元	总投资：27273.54 万元
工程类比	盾构中空布管形式	盾构内过水形式
	交通行业广泛采用的形式，部分水利及市政行业亦有采用（如南京跨长江盾构污水管）	水利行业采用较多的形式（如广州西江引水，南水北调穿黄工程）

续表

运行管理	盾构内有足够空间供人员日常巡视和检修。运行维护费用低	盾构内必须停水并把水排干才能检修。增加了一座泵站管理,由于泵站为备用性质,年利用率较低,运行维护费用高
其他方面	为连接东海岛与南三岛,跨越湛江湾天堑增加了一条通道,可以兼作通信及电力电缆通道,为今后长远发展创造了有利条件	钢铁基地供水增加了一个备用水源,提高了系统的供水保证率

第 3 章　高水压软土盾构跨海隧道衬砌结构设计及承载机理研究

本跨海盾构隧道为深水位、长距离的海底软土隧道，隧道具有距离长、海底地质条件差、外水压力大、海水环境腐蚀性强等特点，若采用常规的衬砌管片亟须解决以下问题：

(1) 抗外压性能低：管片厚度通常只有 300mm，难以承受海底超过 60m 水头的外压。

(2) 拼装精度不足：环缝仅为平面接触拼接，采用弯螺栓连接，属二维定位，管片拼接精度不够高。同时，不能较好限制在高外压及剪力的作用下产生的二次变形，使管片在拼装之后易出现错台现象。

(3) 防水抗渗性能较差：通常只设一道止水，结构本身自防水性能较差，防水抗渗性能未能满足超过 60m 水头外压的防水抗渗要求。

(4) 抗剪能力低：通常采用弯螺栓连接，衬砌环缝为平面接触拼接，导致难以充分发挥螺栓及混凝土的综合抗剪能力，未能抵抗高外压产生的剪力。

(5) 耐久性差：普通的衬砌管片难以应对海水长期的强腐蚀作用。

因而，本工程对隧道衬砌结构加以改进，以增强抗外压能力、管片拼装精度、防水抗渗性能、抗剪能力以及耐久性。结合湛江湾跨海盾构隧道的工程地质、水文地质条件，针对高水压条件下盾构隧道管片结构特点、封顶块位置及其接头螺栓等，开展衬砌结构受力与变形特性的三维有限元精细模拟与分析，从而揭示管片结构的承载机理，为盾构隧道管片结构和连接螺栓的设计奠定基础。

3.1　高水压软土盾构隧道衬砌管片设计

针对水下埋深大、跨海距离长、地质条件复杂、海水环境腐蚀性强等特点，工程设计并采用一种结构简单、耐腐蚀、抗外压且不易二次变形及错台的跨海盾构隧道新型衬砌管片，如图 3-1 所示，具体方案如下：

(1) 强化衬砌管片结构，将衬砌管片厚度加厚至 450mm，混凝土等级采用 C55，以提高抵抗外界水土压力的能力。

(2) 管片环缝设置凹槽和凸榫，管片纵缝设置安装定位棒/槽，并采用斜螺栓连接，实现管片拼装三维定位。环缝凹凸卡榫紧密咬合，限制衬砌管片拼装之后产生的二次变形，以杜绝常规管片的错台现象。

(3) 管片接缝均设置两道止水，并采用结构自防水，即衬砌管片混凝土本身达到高抗渗性能，以提高隧道衬砌的防水抗渗性能。

(4) 管片环缝设置凹凸卡榫，采用高强斜螺栓连接，充分发挥材料性能，提高螺栓及混凝土结构的综合抗剪能力。

(a) 结构形式

(b) 细部构造

图 3-1　跨海盾构隧道新型衬砌管片

（5）管片采用添加高炉矿渣微粉的抗海水腐蚀混凝土，掺入抗海水腐蚀添加剂，同时，衬砌管片内外均进行防腐涂层防护，以适应海底的强腐蚀环境。

隧道采用单层装配式管片衬砌结构，外径为 6.0m，内径为 5.1m，管片幅宽为 1.5m。衬砌环由 6 块管片拼装而成，采用"1 封顶块（F）＋2 邻接块（L1、L2）＋3 标准块（B1、B2、B3）"的形式。环与环之间采用错缝拼装，纵缝接头与环缝接头均采用 M30 不锈钢高强斜螺栓（机械等级 A2-70）连接，长度为 561.1mm，单环布置 12 颗环向螺栓，环缝布置 10 颗纵向螺栓。为了抵御高外水压，提高结构的自防水性能，衬砌结构混凝土选用 C55 强度等级,管片厚度增至 0.45m,抗渗等级提升为 S12。衬砌结构拼装环及接头细部构造见图 3-2~图 3-9。

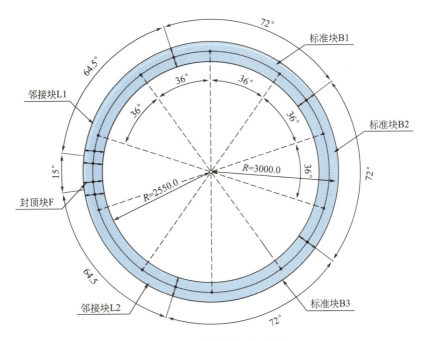

图 3-2 隧道衬砌结构拼装环(单位:mm)

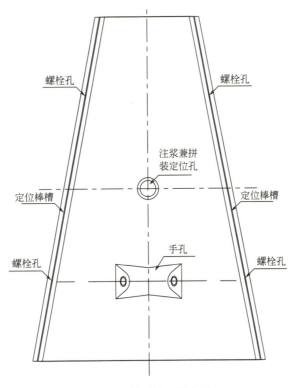

图 3-3 封顶块 F 展布图

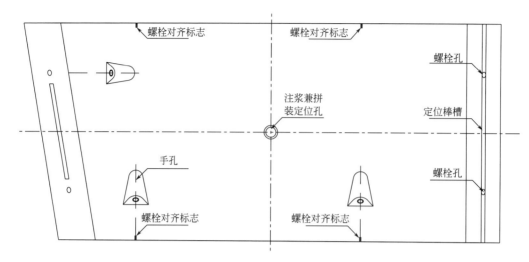

图 3-4　邻接块 L2 展布图

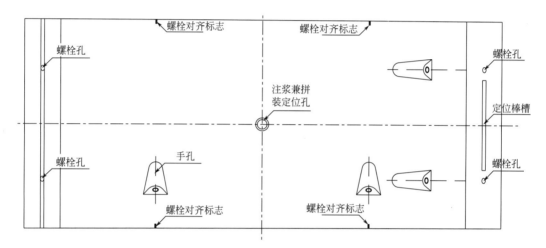

图 3-5　标准块 B1 展布图

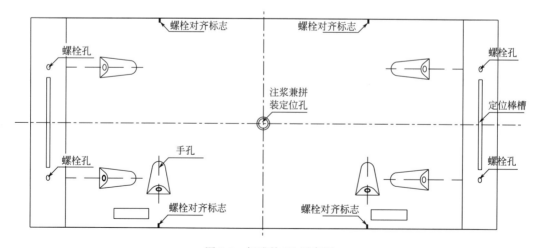

图 3-6　标准块 B2 展布图

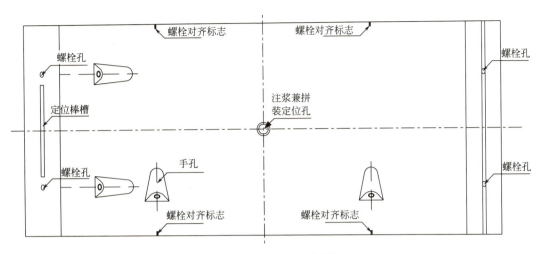

图 3-7 标准块 B3 展布图

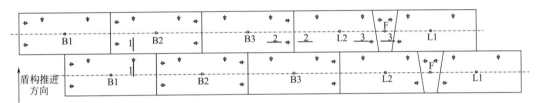

衬砌环内弧面展开图

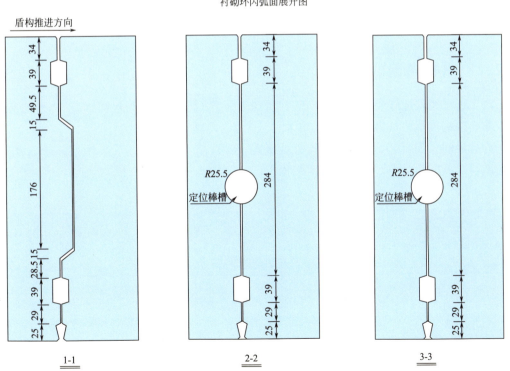

图 3-8 通用衬砌环接缝止水结构图(单位:mm)

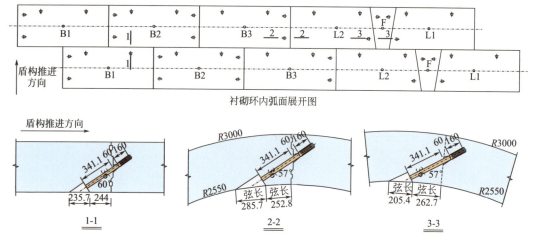

图 3-9 内弧面展开及通用螺栓手孔构造图（单位：mm）

管片内、外侧均设置橡胶止水条和密封膏，以增强结构防水性能。其中，止水条材料为遇水膨胀的三元乙丙复合橡胶，压密状态下能抵御 0.7MPa 外水压力。为确保精确拼装，每块管片设有 2 个定位棒槽，环间设置凹凸榫槽，有利于控制隧道的纵向错台。此外，将吊装孔与预埋注浆管合二为一，优化了管片结构，可实现同步注浆及时充填管片与围岩之间的空隙，进一步保证防水效果。

3.2 管片混凝土材料设计

3.2.1 原材料选取

本工程采用普通硅酸盐水泥、高炉矿渣粉末、碎石、中砂（天然河砂）、高性能减水剂、防腐阻锈剂等原材料制备高性能混凝土。

为满足耐久性要求，工程选用具有抗氯离子性能较高的专用水泥，质量符合 GB 175 规定的普通硅酸盐水泥，主要成分详见表 3-1。

硅酸盐水泥　　　　　　　　　　　　　　　　表 3-1

项目	烧失量（%）	三氧化硫（%）	氧化镁（%）	比表面积（m^2/kg）	初凝时间（min）	终凝时间（min）	安定性	氯离子（%）	3d 强度（MPa）		28d 强度（MPa）	
									抗折	抗压	抗折	抗压
国家标准	≤5.0	≤3.5	≤5.0	≥300	≥45	≤600	必须合格	≤0.06	≥3.5	≥17	≥6.5	≥42.5
实测值	3.09	2.30	1.65	381	192	252	合格	0.006	5.5	25.7		53.2

工程在制备混凝土时选用 S95 高炉矿渣粉末（推荐使用比表面积为 430m^2/kg 为宜，详见表 3-2），用以降低温升，改善工作性，增强后期强度，改善混凝土内部结构，提高抗腐蚀能力。

S95 高炉矿渣粉末　　　　　　表 3-2

项目	密度 (kg/m³)	比表面积 (m²/kg)	活性指数(%)		流动度 (%)	含水量 (%)	SO_4^{2-} (%)	Cl^- (%)	烧失量 (%)
			7d	28d					
标准值	≥2.8	≥410	≥75	≥95	≥95	≤1.0	≤4.0	≤0.06	≤3.0
实测值	2850	438	75.3	99	99	0.5	0.36	0	1.1

为保证混凝土的高性能和超流动性能，选用含气量≤7%的聚羧酸高效减水剂充分激发水泥和混合料的和易性，见表 3-3。

聚羧酸高性能减水剂　　　　　　表 3-3

项目	固含量 (%)	密度 (g/mL)	氯离子含量 (%)	凝结时间差 (min)	净浆流动度 (mm)	减水率 (%)	含气量 (%)	pH 值
标准值	≥20	1.1±0.03	≤0.02	≤60	≥45	≥220	≥25.0	≤4.5	7.5±1.0
实测值	21.0	1.115	0.01	+45	+90	240	26.8	2.3	7

粗骨料采用花岗岩碎石，级配为 10~20mm 和 5~10mm，其中，前者占粗骨料总量 60%，后者占粗骨料总量 40%，见表 3-4 和表 3-5。

花岗岩碎石　　　　　　表 3-4

项目	表观密度 (kg/m³)	堆积密度 (kg/m³)	含泥量 (%)	泥块含量 (%)	压碎指标 (%)	针片颗粒 含量(%)	水溶性氯离子 含量(%)
规范值	—	—	≤1.0	≤0.5	≤10	≤12	≤0.02
实测值	2610	1440	0.3	0.1	8.3	4	0.008

粗骨料筛分结果　　　　　　表 3-5

公称粒径(mm)	31.5	25	20	16	10	5	2.5
累计筛余(%)	0	3	36	53	84	97	3

细骨料采用天然河砂，属于Ⅱ区中砂，见表 3-6 和表 3-7。

天然河砂　　　　　　表 3-6

项目	表观密度 (kg/m³)	堆积密度 (kg/m³)	含泥量 (%)	泥块含量 (%)	细度模数	贝壳含量 (%)	水溶性氯离子 含量(%)
规范值	—	—	≤3.0	≤1.0	2.3~3.0	≤3.0	≤0.02
实测值	2660	1540	0.6	0.2	2.7	0.1	0.01

天然河砂筛分结果　　　　　　表 3-7

公称粒径(mm)	10	5	2.5	1.25	0.63	0.315	0.16
规范值	0	10~0	25~0	50~10	70~41	92~70	100~90
累计筛余(%)	0	2	15	27	54	81	96

采用地下水拌制混凝土，水质经湛江市卫生检验部门检测合格，水中的氯离子含量为 200mg/L。

3.2.2 配合比及材料性能

根据盾构管片设计强度及抗渗等技术要求，结合施工组织需要，管片混凝土配合比设计需满足如下要求：(1) 水胶比不大于 0.35，混凝土坍落度 50±20mm，易于浇注和振捣；(2) 抗压强度等级为 C55；(3) 满足混凝土浇筑后 6h 达到脱模强度，约 20MPa；(4) 具有高抗渗性；(5) 低碱集料反应性。

盾构管片设计厚度为 450mm，环向凹凸槽结合，不利于混凝土振捣。通过配合比设计，如表 3-8 所示，改善了管片混凝土性能，混凝土坍落度控制在 50±20mm，管片施工外观质量、可操作性好，无蜂窝麻面，施工效率高。材料性能满足工程要求，见表 3-9、表 3-10。

管片混凝土配合比（kg/m³） 表 3-8

水泥	高炉矿渣	石料	河砂	减水剂	外加剂	水
405	45	1187	668	4.05	9	138

抗压强度（单位：MPa） 表 3-9

龄期	3d	7d	14d	21d	28d
设计值	—	≥41.3	—	—	≥55
标准养护	41.8	57.2	62.3	65.9	66.7
同条件养护	39.8	56.1	59.8	61.9	63.4

注：数据由 C55 抗压试件试验所得，标养代表数量 500 组，同条件代表数量 150 组，抗压强度单位为 MPa。

耐久性 表 3-10

项目	抗渗同条件 28d（MPa）	抗渗标准养护 28d（MPa）	电通量 28d	氯离子当天
标准值	≥1.2	≥1.2		
检测结果	≥1.4	≥1.4	100%合格	100%合格

注：数据由试验所得，P12 抗渗试块标养代表量 45 组；同条件养护代表量 20 组、C55 电通量代表量 45 组。

3.3 三维数值模型

针对高水压下盾构隧道管片结构的受力与变形特性开展三维有限元分析，精细模拟管片间的止水橡胶、定位棒、高强斜螺栓及手孔的细部构造，揭示盾构隧道管片结构在高水压作用下的受力与变形机理。

3.3.1 基本假定

(1) 未考虑管片混凝土的骨料组成及制作误差，材料假定为各向同性的均质体；

（2）模型仅考虑环向受力钢筋，忽略箍筋、螺栓手孔部位局部加强钢筋影响；

（3）未考虑螺栓与螺栓孔间隙及螺栓孔内的预埋构件，通过设置接触面体现其间相互作用；

（4）几何模型未考虑环缝处止水条影响；

（5）忽略管片接缝端面内外侧嵌缝材料影响。

3.3.2 材料本构关系及接触关系定义

混凝土采用损伤本构模型，连接螺栓及钢筋等钢材均采用 Von Mises 模型，其他材料视为理想弹性材料。各材料的主要物理力学参数列于表 3-11。

材料主要物理力学参数　　　　　　　　表 3-11

材料	重度 (kN/m³)	弹性模量 (GPa)	泊松比	抗压/抗拉强度标准值(MPa)	屈服强度 (MPa)	极限强度 (MPa)
混凝土(C55)	25.0	35.5	0.20	35.5/2.74	—	—
钢筋(HRB335)	78.5	200	0.30	—	335	455
不锈钢螺栓(M30)	78.5	210	0.30	—	450	700
止水条	7.3	0.01	0.45	—	—	—
定位棒	12.0	0.025	0.30	—	—	—

在相邻管片混凝土、混凝土与连接螺栓、橡胶止水条之间定义接触行为。接触面在法向上可传递压力，不允许节点侵入，在切向上服从库仑摩擦定律，即切向应力达到临界切应力之前，摩擦面之间不发生相对滑移。其中，管片间摩擦系数取 0.6，管片与螺栓间摩擦系数取 0.3，橡胶止水条间摩擦系数取 0.4。

3.3.3 几何模型及网格划分

选取"1 个整环+2 个半环"建立三维精细化模型，其中，为体现错缝拼装下管片衬砌结构存在的三维耦合效应，将中间整环视为目标环，采用三维实体单元描述接缝部位环向凹凸榫槽、止水橡胶条、定位棒等局部细节。几何模型如图 3-10 所示，有限元模型如图 3-11 所示。

3.3.4 荷载模式及边界条件

盾构隧道衬砌结构主要承受自重、水土压力和地层抗力等荷载。采用荷载-结构法对盾构隧道进行分析，水土压力按修正惯用法考虑。鉴于隧道沿线地层主要为砂层和夹砾砂黏土层，透水性较强，荷载计算时依据水土分算原则。荷载分布如图 3-12（a）所示。

本模型建立全周地基弹簧模拟管片与周围土体的相互作用，其中，地基弹簧刚度按表 3-12 选取。为防止产生刚体位移，在衬砌环拱顶和拱底设置 X 和 Y 方向约束，左右拱腰部位设置 Y 和 Z 方向约束。模型边界条件如图 3-12（b）所示。

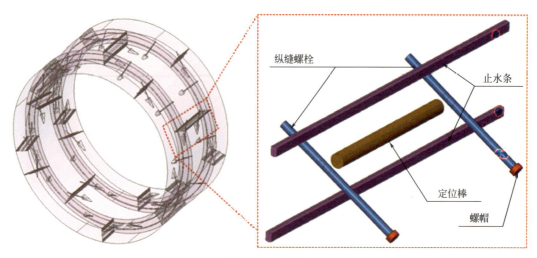

图 3-10　几何模型

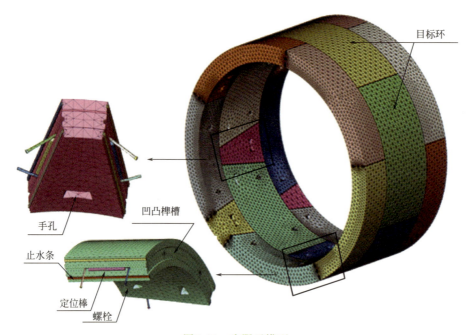

图 3-11　有限元模型

土层物理力学参数　　　　　　　　　　表 3-12

土层类型	中细砂	黏土	黏土夹粗砂
重度(kN/m³)	19.5	18.0	20.1
黏聚力(kPa)	—	22.6	—
内摩擦角(°)	28.0	15.3	30.2
侧向土压力系数 λ	0.39	0.51	0.32
基床系数(MN/m³)	22.0	21.8	35.0

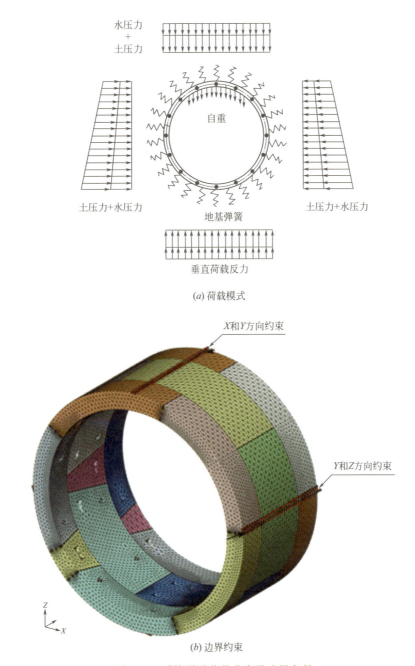

图 3-12 盾构隧道荷载分布及边界条件

3.3.5 结构变形规律分析

1. 现场监测

在盾构隧道施工过程中,为了确保管片环在高水压条件下的结构安全,工程对隧道结构进行了监测。选取最大水深断面位置,对应于桩号 1+487.0(841 环),针对施工及服役过程中管片环钢筋应力进行监测,见图 3-13。

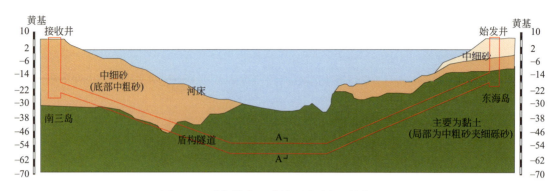

图 3-13　盾构隧道地质剖面图示意（单位：m）

盾构隧道位于平均海平面高程 0.546m；最大水深断面位置隧道结构全断面处于黏土层中；隧道中心线标高 -55.552m，管片顶部覆土厚度 17.60m，管片顶部至平均海平面水深 53.098m；断面处地层情况见图 3-14。试验环上布设 KM-50F 型应变计和 KSA-A 型钢筋计以获取管片应力和环向钢筋应力。其中，应变计（S）12 支，钢筋计（R）8 支，具体布置如图 3-15 所示。

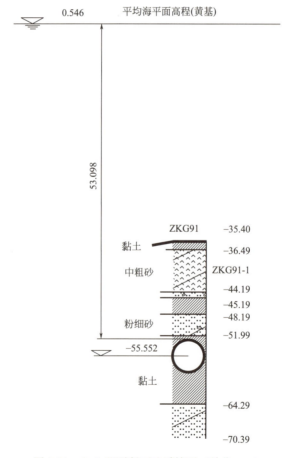

图 3-14　A-A 监测断面地质情况（单位：m）

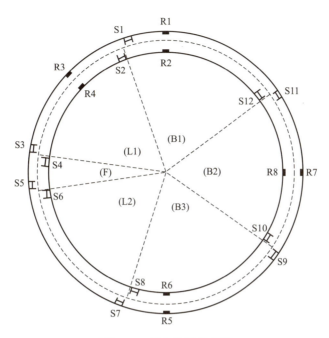

图 3-15 管片监测点布置

管片环向钢筋应力随时间变化曲线如图 3-16 所示。可见，管片环内外侧钢筋应力变化可分为四个阶段：第Ⅰ阶段为管片拼装结束至脱出盾尾 35d，盾构施工及管片拼装完成后，管片开始承受荷载，钢筋应力急剧增长；第Ⅱ阶段为管片脱出盾尾 35d~95d 期间，钢筋应力增长较为缓慢，管片受力基本稳定，钢筋应力变化不大；第Ⅲ阶段为管片脱出盾尾 95d~190d 期间，外侧钢筋应力再次增长，最大增幅达 39%，内侧钢筋在管片环底部应力基本保持稳定，其余部位钢筋应力均有明显提升；第Ⅳ阶段为管片脱出盾尾 190d~230d 期间，除管片环底部的外侧钢筋外，其余钢筋应力均有小幅回落。位于底部的内侧钢筋应力自管片拼装完成后，始终未出现显著波动，即管片环底部内侧钢筋基本不受外界荷载变化的影响。

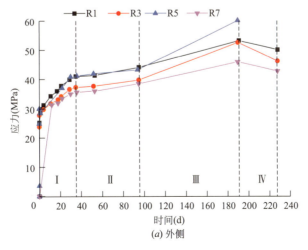

(a) 外侧

图 3-16 监测断面管片环向钢筋应力变化（受压为"＋"）（一）

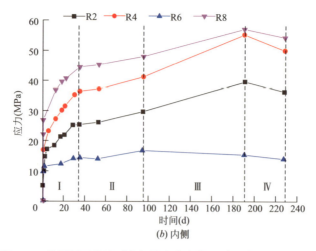

(b) 内侧

图 3-16　监测断面管片环向钢筋应力变化（受压为"+"）（二）

衬砌环内侧与外侧钢筋均承受压应力。拱顶、拱底部位的外侧钢筋应力均大于内侧，拱底部位尤为明显；右拱腰部位的内外侧钢筋应力差异现象则与拱顶、拱底部位相反，左拱肩部位的内外侧钢筋应力差别不大。可见，在外载作用下，衬砌环拱顶和拱底部位外侧呈压紧趋势，内侧则呈张拉趋势；拱腰部位外侧呈张拉趋势，内侧则呈压紧趋势。

2. 数值仿真

基于上述三维数值模型，本节针对衬砌结构开展有限元分析，并与监测结果进行对比，见图 3-17。由图 3-17（a）可知，管片间接触面应力与实测值具有良好的可比性，接触面内、外侧均承受压应力，说明高水压条件下管片环处于整体受压状态。其中，封顶块所处的左侧拱腰部位，相邻两道接缝较为靠近，截面刚度较小，使得管片间接触面压应力值较小。

图 3-17（b）中环向钢筋应力数值与实测结果基本一致，左侧拱肩（R3、R4）部位有一定差异。拱顶和拱底外侧钢筋应力明显大于内侧，右侧拱腰外侧钢筋应力小于内侧。即管片环拱顶和拱底一般受正弯矩作用，表现为外侧受压、内侧受拉；拱腰部位一般受负弯矩作用，表现为外侧受拉、内侧受压。

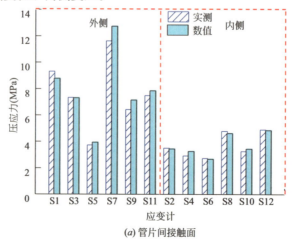

(a) 管片间接触面

图 3-17　数值与实测结果对比（一）

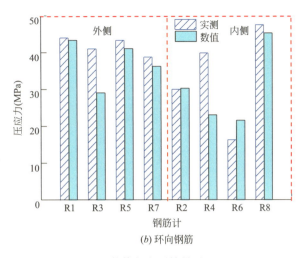

(b) 环向钢筋

图 3-17 数值与实测结果对比（二）

3.4 不同影响因素下管片衬砌结构力学性能分析

3.4.1 外水压力

在不同地层中，衬砌环变形随外水压力变化呈现不同的发展趋势。假定水头为 60m，土体侧压力系数 λ 取 0.3、0.8，得到衬砌结构变形如图 3-18 所示。其中，虚线表示加载后的衬砌环整体变形状态。当侧压力系数较小时，隧道变形呈横椭圆；当侧压力系数较大时，隧道在静水压力和土荷载共同作用下，变形趋于均匀，表现为整体受压。拱顶拱底部位的变形均大于拱腰部位，在相同外水头下，软弱地层中（λ=0.8）管片环变形明显小于坚硬地层（λ=0.3）。

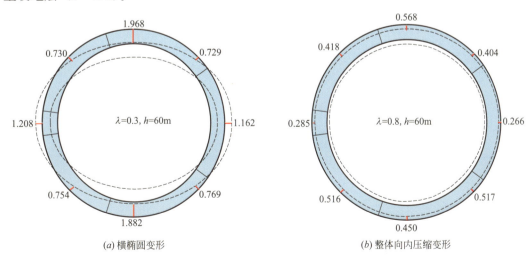

(a) 横椭圆变形　　　　　　　　(b) 整体向内压缩变形

图 3-18 衬砌环变形（放大 200 倍，单位：mm）

1. 关键点位移量

选取管片环拱顶、拱底、左拱腰、右拱腰四个关键部位作为研究对象，分析位移随水头的变化，如图 3-19 所示，图中，左、右拱腰水平方向位移以向右为正，拱顶和拱底竖直方向位移以向上为正。选取管片环水平方向变形与竖直方向变形的相对速率 K，反映管片环整体变形状态：

$$K = \frac{\Delta d_1}{\Delta d_2} \tag{3-1}$$

式中　Δd_1——水平直径变形量；

　　　Δd_2——竖向直径变形量。

可见，管片环结构四个关键点的位移量较小，位移量与水头呈线性变化，结构受力状态处于弹性阶段。管片环拱顶、拱底竖向收敛变形量普遍大于拱腰水平扩张变形量；拱顶、

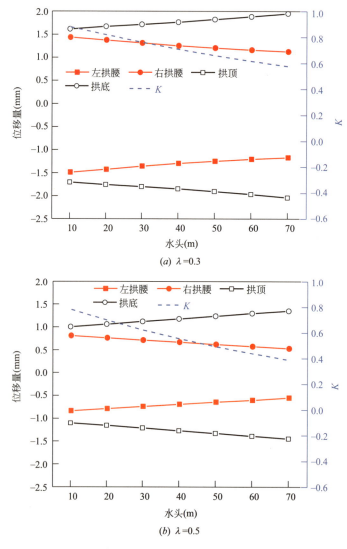

图 3-19　不同地层中结构位移随外水压力的变化（一）

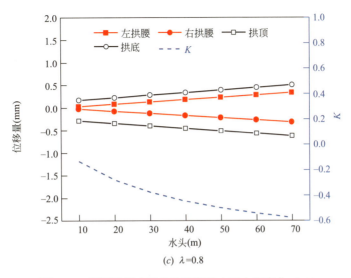

(c) $\lambda=0.8$

图 3-19　不同地层中结构位移随外水压力的变化（二）

拱底位移始终偏向隧道内部，随外水压力增大而增大；拱腰变形方向则受到地层侧压力系数和外水压力的共同影响。

当隧道周围地层较为坚硬时（$\lambda=0.3$），拱腰变形偏向外部地层且随水压增长而减小，管片环 K 值逐渐减小，水平扩张变形量与竖向收敛变形量的差距逐渐增大，水平直径变形表现出由扩张发展为收敛的趋势，如图 3-19（a）所示。当隧道周围地层较为软弱时（$\lambda=0.8$），拱腰变形方向已全部偏向隧道内部且随水压增长而不断增大，K 随外水压力升高逐渐增大，水平收敛变形量与竖向收敛变形量的差距逐渐减小，管片环变形由"横椭圆"发展为"整体向内压缩"，如图 3-19（c）所示。可见，在坚硬土层中，增加外水压力将减缓管片环整体"横椭圆"变形趋势，有利于隧道结构安全；在软弱土层中，增加外水压力将加剧隧道结构整体受压，管片受压承载力需满足更高要求。

随着地层侧压力系数的提高，拱腰位移方向由偏向外部地层逆转为偏向隧道内部，管片环整体变形模式由"横椭圆"发展成"整体向内压缩"。地层侧压力系数对管片环变形影响显著，侧压力系数越大，侧向土荷载越大，管片结构受力越趋于均匀，隧道断面变形模式转变为"整体向内压缩"的时机越早。

2. 接缝张开量

在高水压环境下的盾构隧道，管片接缝状态直接影响隧道结构的防水效果，而接缝张开量的大小及位置对接缝防水设计至关重要。不同地层中，各接头部位（图 3-20）接缝变形量受外水压影响的变化趋势如图 3-21 所示。其中，接缝以张开为"+"、压缩为"-"，各连接螺栓应力以受拉为"+"。

不难发现：

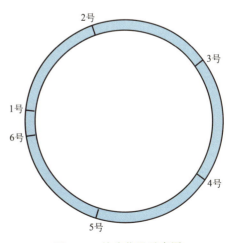

图 3-20　接头位置示意图

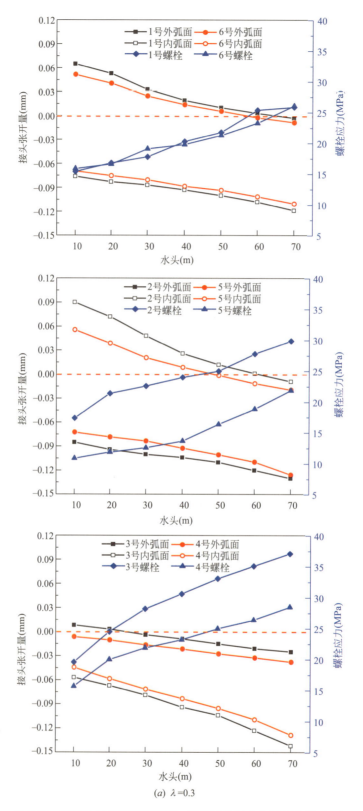

(a) $\lambda=0.3$

图 3-21 不同地层中接缝张开量、螺栓应力与水头关系曲线（一）

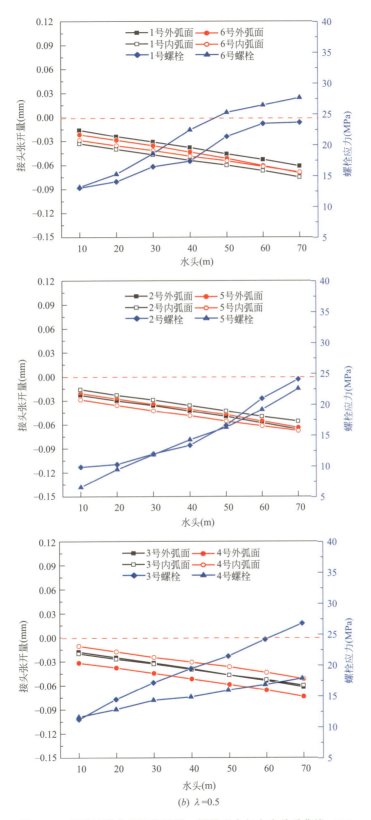

(b) $\lambda=0.5$

图 3-21 不同地层中接缝张开量、螺栓应力与水头关系曲线（二）

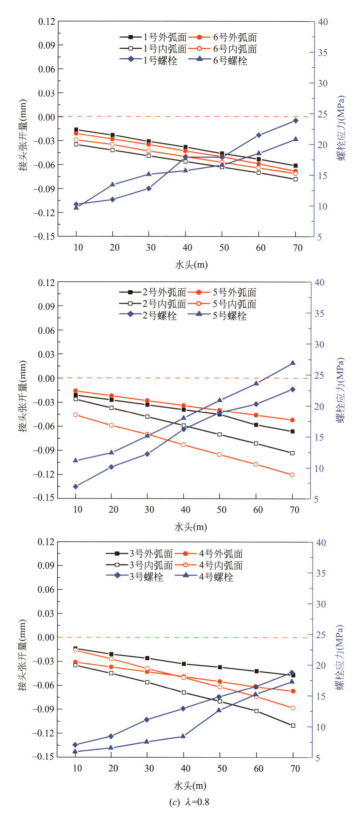

(c) $\lambda=0.8$

图 3-21 不同地层中接缝张开量、螺栓应力与水头关系曲线（三）

(1) 在不同地层中，各接头接缝张开量与外水头基本呈线性关系，连接螺栓应力随着外水头升高而增大。由于封顶块位于左拱腰部位，1 号和 6 号、2 号和 5 号、3 号和 4 号接缝对称分布，各组接缝内外弧面变形随外水压的变化曲线斜率基本平行，接缝张开量差别较小。可见，各接头接缝张开量及螺栓应力数值不大，当外水头达到 70m 时，隧道衬砌结构的防水及受力均处于安全状态。

(2) 在外水压作用下，不同部位接缝变形不同。接缝压缩量随着水压增大而增大；接缝张开量随外水压升高而减小。当外水压超过一定值时，接缝由张开状态发展为向内压缩并随着水压增大而增大。由于接头位置不同，接缝变形状态发生改变的时机亦不同，1 号和 6 号接头在外水头达到 60m 时，接缝外弧面变形由张开发展为压缩；3 号和 4 号接头在外水头达到 20m 时，立即发生转变。可见，外水压的增加将抑制接缝张开，有利于水下盾构隧道结构防水。

(3) 土层特性对衬砌结构接缝变形亦产生影响，地层侧压力系数不同，同一部位接缝变形状态不同。当侧压力系数较小时（$\lambda<0.5$），外水位较低工况下，1 号和 6 号接头接缝外弧面张开、内弧面压缩；2 号和 5 号接头接缝变形与之相反，3 号和 4 号接头接缝主要表现为向内压缩。即管片环表现为"横椭圆"变形，拱腰部位外侧受拉、内侧受压，拱顶拱底部位外侧受压、内侧受拉。当侧压力系数较大时（$\lambda>0.5$），管片环各接头接缝内外弧面均表现为向内压缩，压缩量随着外水压的增加而增大。即管片环表现为"整体向内压缩"变形，水压升高将加强结构的受压状态，对管片混凝土抗压提出更高要求。

(4) 接缝外弧面张开将影响结构防水性能。当隧道位于坚硬地层时，在外水压较低条件下，管片环多个部位接缝呈张开状态，应在施工中重视管片拼装质量，确保止水条的有效性。

3.4.2 地层侧压力系数

由于地层侧压力系数 λ 和地层抗力系数 k 按表 3-13 确定。选取低水头（20m）、高水头（60m）讨论地层侧压力系数的影响。

侧向土压力系数 λ 和地基抗力系数 k　　　　　表 3-13

土与水的计算	土的种类	λ	k (kN/m³)	N 的取值范围
土水分离	非常密实的砂性土	0.35~0.45	30~50	$30 \leqslant N$
	密实的砂性土	0.45~0.55	10~30	$15 \leqslant N<30$
	松散的砂性土	0.50~0.60	0~10	$N<15$
	固结黏性土	0.35~0.45	30~50	$25 \leqslant N$
	硬的黏性土	0.45~0.55	10~30	$8 \leqslant N<25$
	中硬黏性土	0.50~0.60	0~10	$4 \leqslant N<8$
土水一体	中硬黏性土	0.55~0.65	5~10	$4 \leqslant N<8$
	软黏土	0.65~0.75	0~5	$2 \leqslant N<4$
	超软黏土	0.70~0.85	0	$N<2$

1. 关键点位移量

图 3-22 为不同外水头下管片衬砌结构关键点位移随地层侧压力系数 λ 的变化曲线，

分析得到：

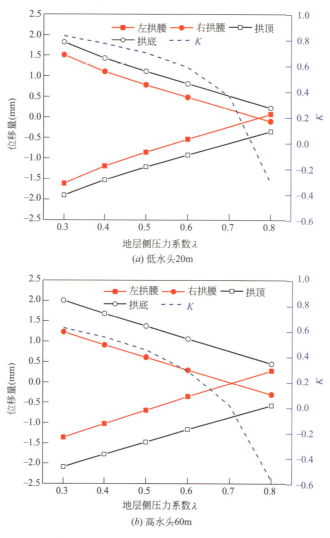

图 3-22 不同外水头下结构位移随 λ 的变化

（1）两种条件下，各关键点位移表现出一致的变化规律，与地层侧压力系数基本呈线性关系，侧压力系数的增长对结构位移降低效果明显。当 λ 由 0.3 增至 0.8 时，两种条件下结构位移最大值（高水头工况拱底部位）由 2.006mm 减小至 0.448mm，降幅达 77%。

（2）随着侧压力系数的增加，拱顶拱底位移不断减小，沿隧道内部发展；左右拱腰部位位移不断减小，由于位移方向不同而出现交点，当位移减小至零后将随水压的增加而增大，管片环拱腰位移由沿地层方向逐渐发展为沿隧道内部发展。高水头条件下，拱腰位移出现拐点的时机更早，即相同地层中，外水压力越大，管片衬砌结构出现整体向内压缩的时机越早，越有利于发挥混凝土的受压性能。

（3）管片环 K 随 λ 增加先减小后增大，管片衬砌环水平扩张变形逐渐减小，后期由于拱腰处位移方向发生改变，管片环变形发展为整体向内压缩。随着 λ 增大，有利于减缓管片环"横椭圆"变形，当 λ 超过一定值时，管片环整体向内压缩状态加强。

2. 接缝张开量

图 3-23 为不同外水头下管片衬砌环各接头部位接缝张开量与地层侧压力系数 λ 的关系曲线。

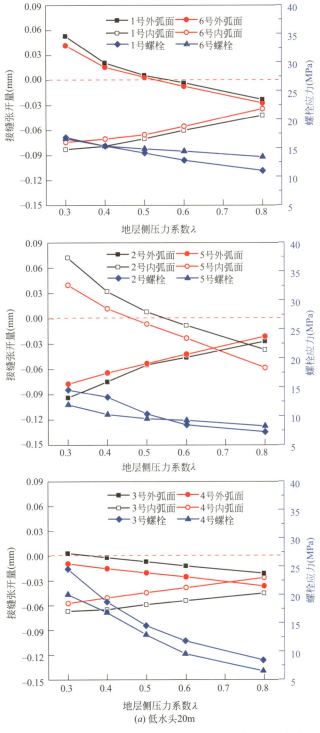

(a) 低水头 20m

图 3-23 不同外水头下接缝张开量随地层侧压力系数 λ 的变化（一）

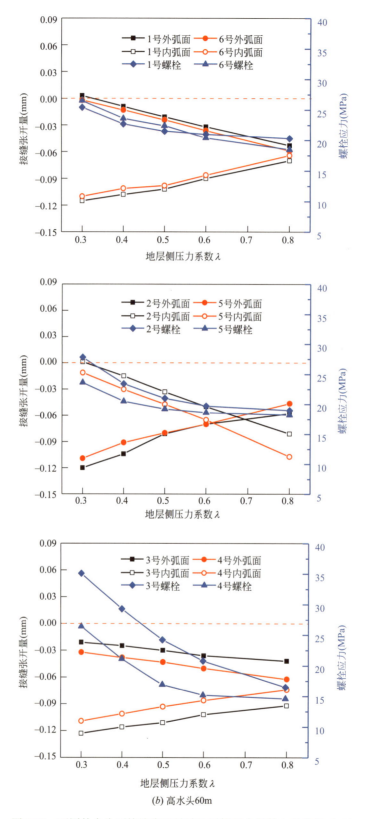

(b) 高水头60m

图 3-23 不同外水头下接缝张开量随地层侧压力系数 λ 的变化（二）

由图 3-23 可知：

（1）两种外水压条件下，各接头接缝张开量与地层侧压力系数表现出明显的相关性，连接螺栓应力随着地层侧压力系数的升高而减小。各组接缝内外弧面变形随外水压的变化曲线斜率基本平行，接缝张开量差异不大。总体而言，各接头接缝张开量及螺栓应力较小，随地层侧压力系数增大，接缝变形减小，更有利于隧道衬砌结构的防水及受力。

（2）随着地层侧压力系数的不同，各部位接缝变形不同。接缝压缩量随地层侧压力系数的增大而减小；接缝张开量随地层侧压力系数的增大而减小，当地层侧压力系数超过一定值时，接缝由张开状态发展为向内压缩并随地层侧压力系数的增大而增大。由于接头位置不同，接缝变形状态发生改变的时机不同，远离拱腰部位的 3 号和 4 号接头接缝外弧面变形由张开发展为压缩的时机，早于靠近拱腰部位的 1 号和 6 号接头。可见，地层侧压力系数增大可抑制接缝张开，有利于水下盾构隧道结构防水。

（3）不同外水头条件对衬砌结构接缝变形产生影响。当处于低水头（20m）时，侧压力系数较小的情况下（$\lambda=0.3$），1 号和 6 号接头接缝外弧面张开、内弧面压缩，2 号和 5 号接头接缝变形与之相反，3 号和 4 号接头接缝主要表现为向内压缩。当处于高水头（60m）时，管片环各接头接缝内外弧面基本均为向内压缩，压缩量随着外水压的增加而增大。管片环呈现为"整体向内压缩"变形且侧压力系数增大将加强结构的受压状态，对管片混凝土抗压性能提出更高要求。

（4）接缝外弧面张开将影响结构防水性能，当隧道处于低外水头条件下，在地层侧压力系数较小时，管片环多个部位接缝呈张开状态，易产生透水通道，施工时应重视管片拼装质量，确保止水条的有效性。

3.4.3　封顶块位置

1. 直径变形量

封顶块位于不同位置时，管片环直径变形量随水头的变化关系曲线如图 3-24 所示，可知：

（1）管片环直径变形量与水头呈线性关系，随着水头的增大，管片环水平直径变形量逐渐减小，竖向直径变形量逐渐增大且变化幅度大于水平直径变形量。由此说明，高外水头能减缓管片环水平扩张，但增加了管片环竖向向隧道内压缩的趋势。整体而言，针对混凝土材料抗压强度高、抗拉强度低的特点，高水头有利于管片环的整体变形。

（2）当封顶块位于 90°（左拱腰）时，管片环水平直径变形量和竖向直径变形量均高于封顶块位于其他部位。此种拼装方式管片环水平直径变形量最大值为 3.3mm，竖向直径变形量最大值为 4.3mm，封顶块位于其他部位的水平直径变形量和竖向直径变形量最大值分别为 1.8mm 和 3.3mm。当封顶块位于其他部位时，管片环直径变形量相差不大，相比而言，封顶块位于拱顶部位直径变形量最小。

（3）根据以往工程经验，在水土荷载作用下，管片环负弯矩最大值常发生在拱腰附近。当封顶块位于 90°（左拱腰）时，由于该区域负弯矩较大且接缝较集中，该区域管片衬砌结构整环刚度受到削弱，管片环直径变形量较大。此时，有利于外荷载所做的功产生

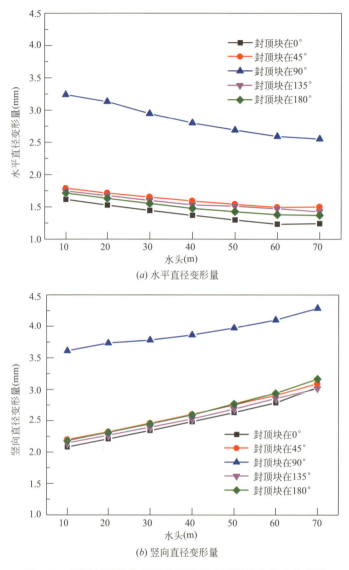

图 3-24　不同封顶块位置管片环直径变形量随水头变化曲线

能量释放，从而使管片环和周围土体发生整体协调变形，避免结构局部出现应力集中而过早失稳。

2. 接缝张开量

以靠近封顶块位置的两个接头（1 号和 6 号）为研究对象，得到了不同封顶块位置时管片环接缝张开量及螺栓应力随水头的变化如图 3-25 所示。分析可知：

（1）随着封顶块位置不同，靠近封顶块的两个接头张开量不同。封顶块位于 90°即左拱腰处接缝外弧面张开量最大，封顶块位于 0°即拱顶处当外水压较低时，接缝内弧面有张开，但外弧面处于压缩状态，不影响结构防水性能，封顶块位于其他部位时接缝基本处于压缩状态。随着水头的增大，接缝张开量不断减小，压缩量不断增大。高水压加强了结构的受压状态，能充分发挥混凝土的抗压性能，对结构受力有利。

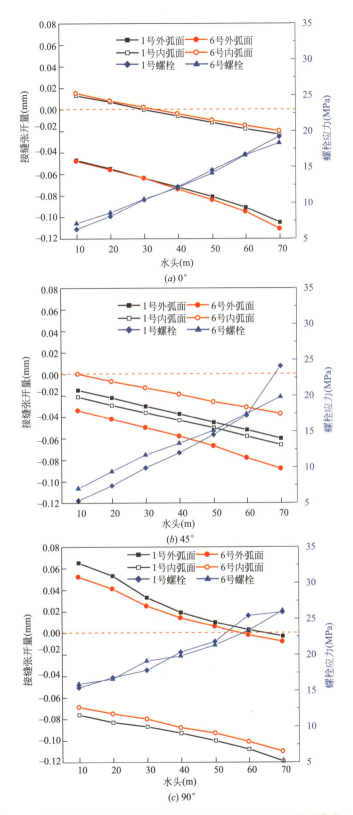

图 3-25 不同封顶块位置接缝张开量和螺栓应力随水头变化关系曲线（一）

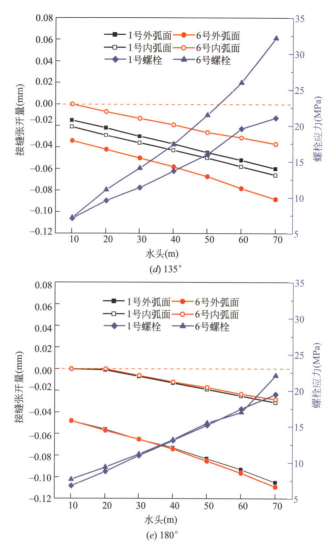

图 3-25　不同封顶块位置接缝张开量和螺栓应力随水头变化关系曲线（二）

（2）当封顶块位于 45°（左拱肩）和 135°（左拱脚）时，由图 3-25（b）和（d）可知，1 号和 6 号接头接缝变形基本相同，螺栓应力变化有所差别。对比图 3-25（a）、（c）和（e）可知，两种工况下接缝压缩量相对较小，分析认为当封顶块位于 45°和 135°时，远离了最大正弯矩和负弯矩区域，内力相对较小，使得变形较小。

（3）当封顶块位于 0°（拱顶）和 180°（拱底）时，由图 3-25（a）和（e）可知，1 号和 6 号接头接缝内外弧面变形基本重合，螺栓应力变化亦基本相同。当封顶块位于 0°即拱顶时，在水头较低工况下，接缝外弧面有张开；而当封顶块位于 180°即拱底时，接缝均处于受压状态。分析认为是由于这两种工况下管片衬砌环在几何构造及荷载模式均为竖向直径对称。

（4）接头接缝变形量及连接螺栓应力均处于较低水平，管片衬砌结构处于弹性变形阶段，盾构隧道不会发生结构破坏。需要注意的是，当封顶块位于 90°（左拱腰）时，接缝外弧面存在张开状态，影响结构防水，故在管片拼装时应确保质量。

第 4 章 海边深厚砂层深挖竖井结构设计

湛江湾跨海隧道采用盾构法施工，在隧道两端设置始发井和接收井。始发井位于东海岛，开挖深度约 28.5m，竖井内直径为 16.5m；接收井位于南三岛，开挖深度约 34.64m，竖井内直径为 16.0m。隧道始发井、接收井均修建在海滩深厚强透水粉细砂地层中，地下水位较高，受季节和海水潮汐影响显著。工作井具有平面尺寸较大、开挖深度大及穿越海边深厚透水地层等特点。

湛江湾盾构始发井和接收井四周砂层具有强透水性，与海水直接连通，始发井和接收井围护结构距离海岸约 30m，需承受较大的侧向水土压力，底板结构需承受较大的向上水压力，竖井基底需承受较大的抗浮力。因此，竖井围护结构的防渗止水与内力分析、混凝土内衬井壁和底部结构内力分析、坑底抗隆起和承压水计算等是工程的关键技术难点。

4.1 竖井设计概况

湛江湾盾构隧道始发井和接收井围护结构均采用地下连续墙＋内衬混凝土组合结构，采用高压旋喷加固竖井下方土体，并对始发井和接收井进出洞口范围进行土体加固处理。始发井地层主要为⑤中细砂和⑥黏土夹砂层，接收井地层主要为③-2 中细砂和⑥黏土夹砂。盾构始发井、接收井及其围护结构设计如图 4-1、图 4-2 所示。

始发井壁为双层结构，外壁为 C25 混凝土地下连续墙，内径为 19.5m，厚度为 1.0m，墙深 37.5m；内壁为现浇 C30 混凝土整体衬砌，深 28.5m，内衬厚度沿高程分别为 1.0m（▽7.5m～▽－4.5m）、1.2m（▽－4.5m～▽－8.5m）、1.5m（▽－8.5m～▽－19.0m），衬后最小直径为 16.5m。采用逆作法分 9 段施工，底部、后背墙及进洞口进行旋喷加固，采用 2.0m 厚混凝土底板。

接收井壁为双层结构，外壁为 C25 混凝土地下连续墙，内径为 19.0m，厚度为 1.0m，墙深 57.0m；内壁为现浇 C30 混凝土整体衬砌，深 34.64m，内衬厚度沿高程分别为 1.0m（▽7.0m～▽－5.0m）、1.2m（▽－5.0m～▽－12.14m）、1.5m（▽－12.14m～▽－25.64m），衬后最小直径为 16.0m。采用逆作法分 11 段施工，底部及出洞口进行旋喷加固，采用 2.0m 厚混凝土底板。

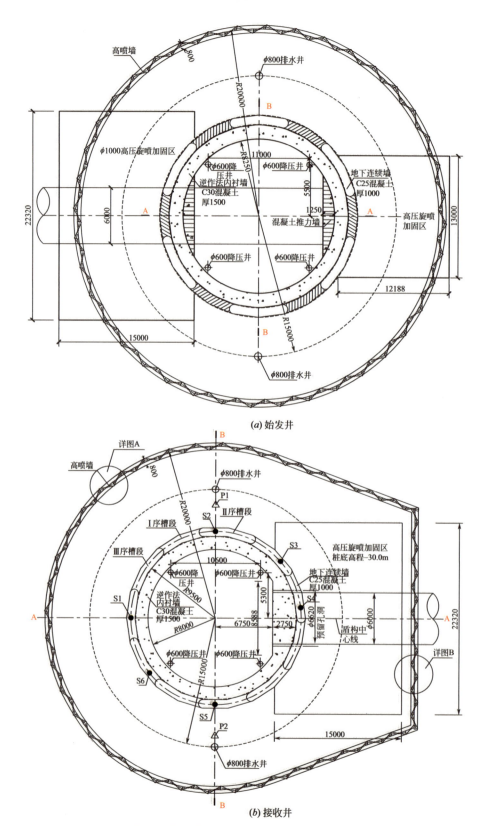

图 4-1 始发井和接收井平面图（单位：mm）

第4章 海边深厚砂层深挖竖井结构设计

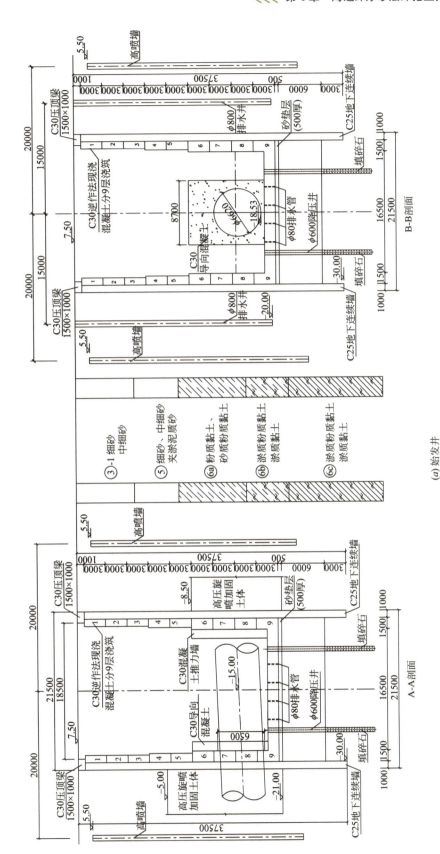

图 4-2 围护结构剖面图（单位：mm）（一）
(a) 始发井

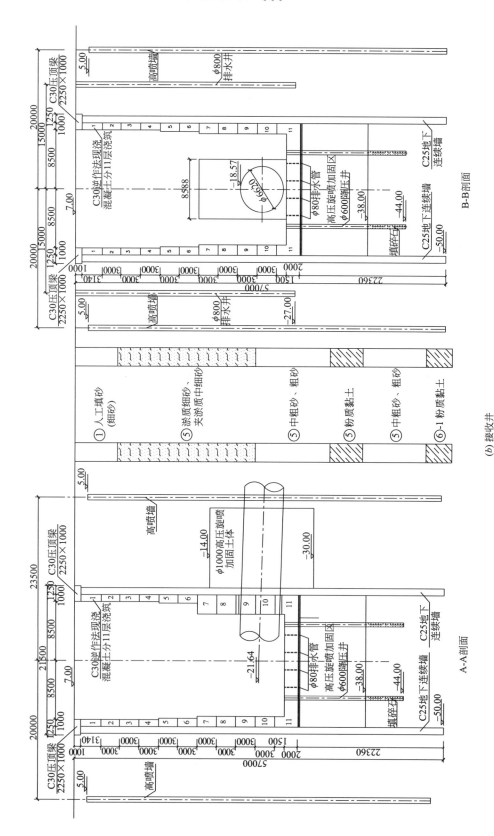

图 4-2 围护结构剖面图（单位：mm）（二）

4.2 围护结构数值仿真分析

4.2.1 有限元模型

盾构始发井所处地层自上往下依次主要为⑤中细砂地层、⑥黏土夹砂地层,接收井所处地层则主要为③-2中细砂和⑥黏土夹砂地层。盾构始发井和接收井的围护结构类型与施工工艺基本一致,但二者开挖深度相差较大,其中,始发井开挖深度为28.5m,接收井开挖深度为34.64m。基于地层结构有限元增量法,采用MIDAS/GTS针对盾构始发井和接收井的施工全过程进行动态施工模拟,重点分析了竖井围护结构变形与受力情况。

始发井、接收井三维数值模型如图4-3~图4-7所示。土体、加固土体和推力墙结构均采用实体单元,地下连续墙、内衬和底板结构均采用板单元。地层及围护结构的力学计算参数见表4-1。其中,地下连续墙厚度为1.0m,内衬结构厚度简化为1.5m,底板结构厚度为2.0m,始发井后靠背推力墙尺寸为:高×宽×厚=10.5m×9m×1m,始发井后靠背推力为30000kN。

图4-3 始发井整体有限元网格

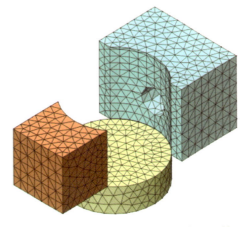

图4-4 始发井下方、前方和后方加固土体

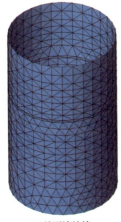

(a) 地下连续墙

(b) 内衬结构和底板

(c) 后方推力墙

图4-5 始发井地下连续墙、内衬结构、后方推力墙有限元网格

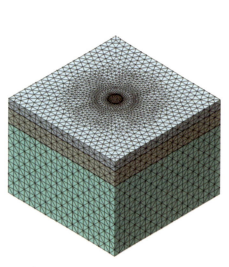

图 4-6 接收井整体三维有限元网格

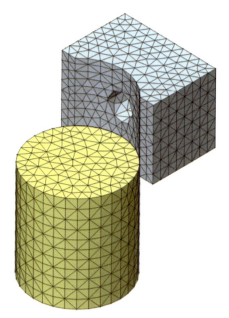

图 4-7 接收井下方加固土体和前方加固土体

地层及围护结构力学参数　　　　表 4-1

土　层	重度（kN/m³）	弹性模量（MPa）	泊松比
砂土地层	20	20	0.45
⑥黏土夹砂地层	20	20	0.45
加固后地层	20	200	0.30
地下连续墙	24	25000	0.20
内衬结构和底板	24	25000	0.20
推力墙	24	25000	0.20

盾构始发井和接收井三维数值模型的边界条件为：模型底面为 Z 方向位移约束，前后面为 Y 方向位移约束，左右面为 X 方向位移约束。采用水土合算计算方法考虑水土对竖井围护结构的侧向压力作用，通过适当提高土体的侧压力系数，反映地下水和土体对围护结构的侧向压力作用。

盾构始发井三维数值模型动态施工的主要流程为：计算地层初始应力场；土体加固（竖井下方土体，盾构进洞前方土体和推力墙侧土体）；施作地下连续墙；分 9 层（分层厚度为 $4+7\times3+3.5=28.5$m），依次自上而下开挖竖井内部土体，并施作相应位置的内衬结构和底板；施作盾构后靠背推力墙；盾构竖井结构开洞（内衬和地连墙结构开口）；施加盾构推进的反推力作用（30000kN）。

盾构接收井三维数值模型动态施工的主要流程为：计算地层初始应力场；土体加固（竖井下方土体和盾构出洞前方土体）；施作地下连续墙；分 11 层（分层厚度为 $4.14+9\times3+3.5=34.64$m），依次自上而下开挖竖井内部土体，并完成相应位置的内衬结构和底板；盾构竖井结构开洞（内衬和地连墙结构开口）。

4.2.2 始发井围护结构变形与受力分析

图 4-8 为始发井不同开挖深度时地下连续墙水平位移，图 4-9～图 4-11 为不同开挖深度

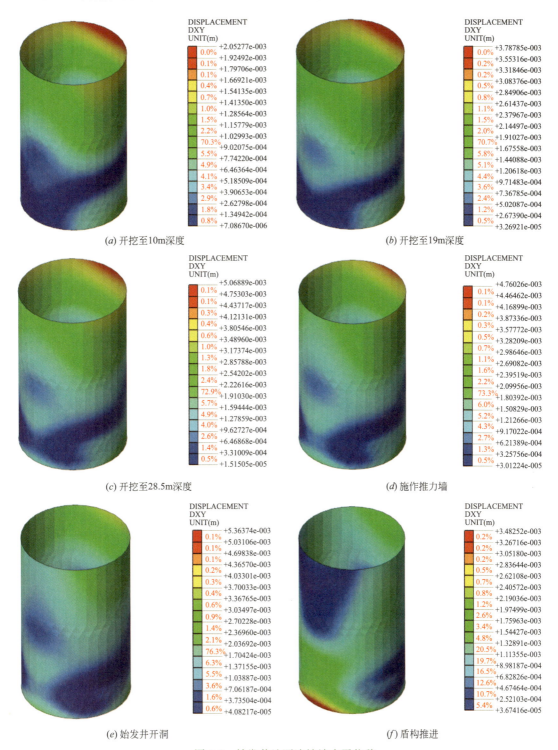

(a) 开挖至10m深度　　(b) 开挖至19m深度

(c) 开挖至28.5m深度　　(d) 施作推力墙

(e) 始发井开洞　　(f) 盾构推进

图 4-8　始发井地下连续墙水平位移

49

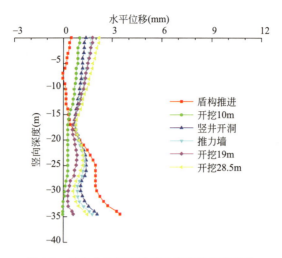

图 4-9 始发井地下连续墙后靠背处位移变化

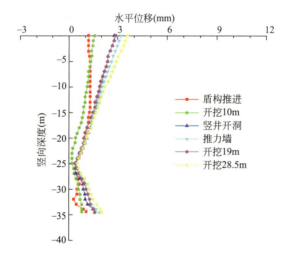

图 4-10 始发井地下连续墙左右侧处位移变化

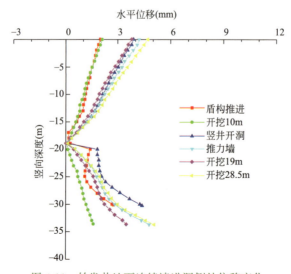

图 4-11 始发井地下连续墙进洞侧处位移变化

时地下连续墙后靠背、左右侧、开洞侧的水平位移分布曲线，图 4-12 为始发井在不同开挖

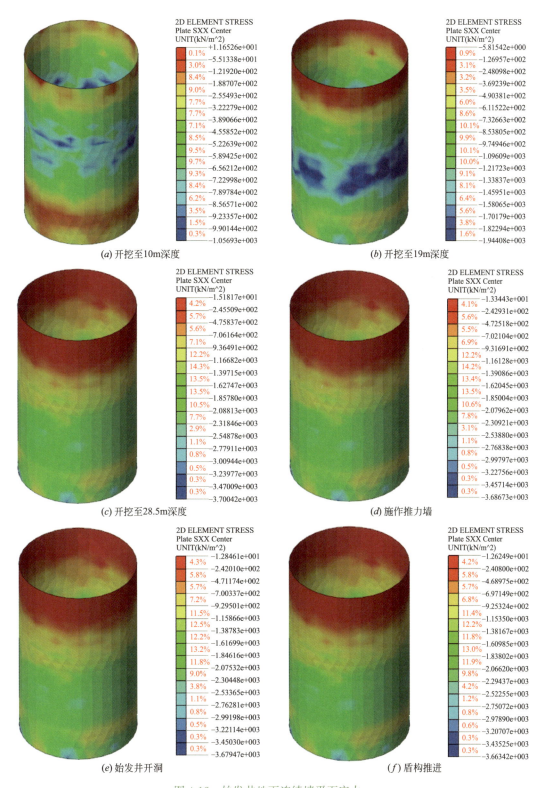

图 4-12　始发井地下连续墙平面应力 σ_x

深度时地下连续墙平面应力 σ_x，图 4-13 为始发井在不同开挖深度时地下连续墙平面应力 σ_y。

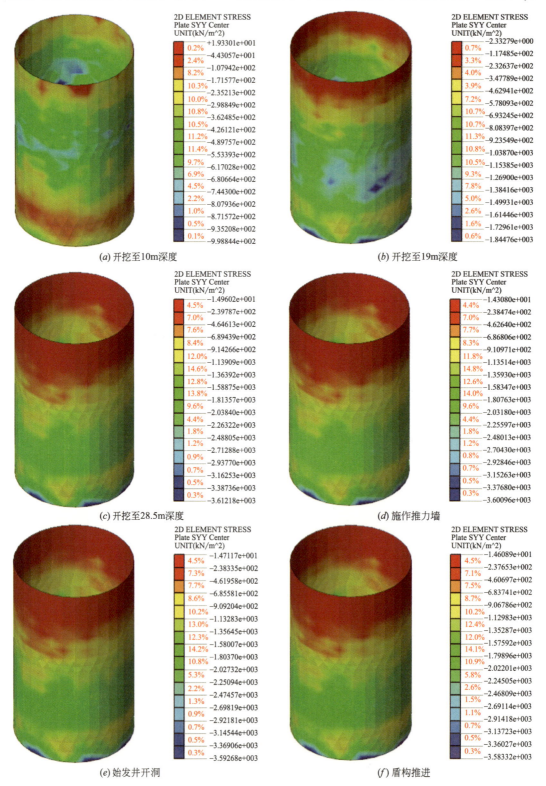

图 4-13　始发井地下连续墙平面应力 σ_y

盾构始发井施工过程中，围护结构最大位移和平面应力列于表4-2。

始发井围护结构的最大位移和应力值　　　　　表 4-2

围护结构部位	平面应力(MPa)		位移
	σ_x	σ_y	(mm)
连续墙后靠背	−2.25	−3.57	3.5
连续墙左右侧	−2.17	−2.78	3.6
连续墙进洞侧	−3.13	−2.57	5.1

可见，随着竖井不断从上向下开挖土体，地下连续墙的受力和变形不断增大，其中地下连续墙后靠背部位的最大位移为3.5mm，出现在盾构推进阶段，最大平面应力σ_x、σ_y均出现在盾构推进阶段；连续墙左右侧最大位移达3.6mm，出现在开挖到底阶段，最大平面应力σ_x、σ_y均出现在竖井开挖到底阶段；连续墙进洞侧最大位移达5.1mm，出现在竖井开挖到底阶段，而最大平面应力σ_x、σ_y则出现在盾构推进阶段。

综上，始发井围护结构设计是基本安全的。根据始发井围护结构的受力情况，对地下连续墙和内衬结构进行配筋设计，加强围护结构环向配筋设计及进洞口周边结构的配筋，确保始发井围护结构及进洞口部位的结构安全。

4.2.3　接收井围护结构变形与受力分析

图4-14为接收井不同开挖深度时地下连续墙水平位移，图4-15～图4-17为接收井不同开挖深度时地下连续墙非出洞侧、左右侧、出洞侧的水平位移分布曲线，图4-18为接收井不同开挖深度时地下连续墙平面应力σ_x，图4-19为接收井不同开挖深度时地下连续墙平面应力σ_y。接收井施工过程中，围护结构最大位移和平面应力列于表4-3。

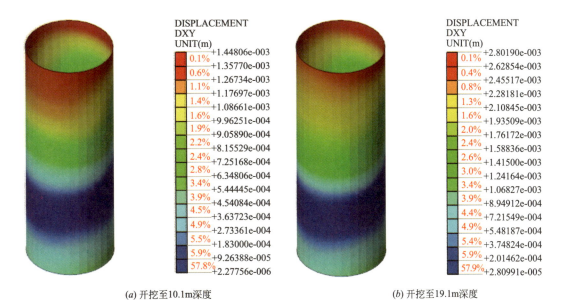

(a) 开挖至10.1m深度　　　　　　　　(b) 开挖至19.1m深度

图 4-14　接收井地下连续墙水平位移（一）

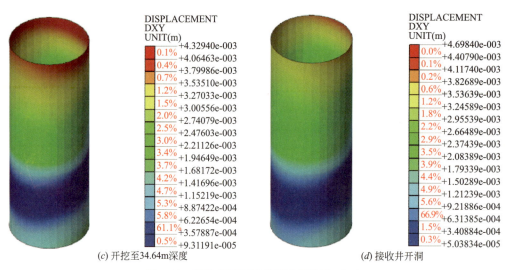

(c) 开挖至34.64m深度　　　　　　　　　　(d) 接收井开洞

图 4-14　接收井地下连续墙水平位移（二）

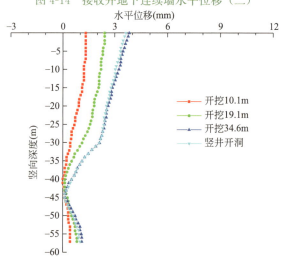

图 4-15　接收井地下连续墙非出洞侧位移变化

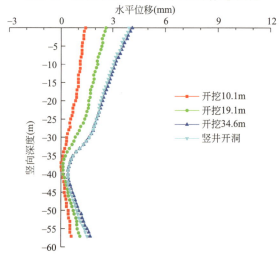

图 4-16　接收井地下连续墙左右侧处位移变化

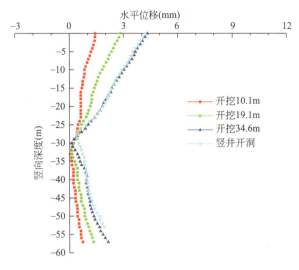

图 4-17 接收井地下连续墙出洞侧处位移变化

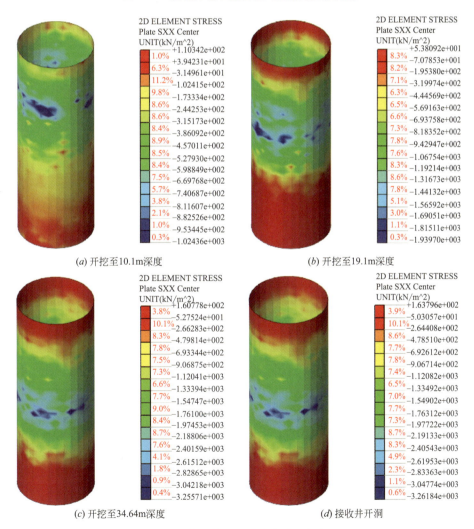

(a) 开挖至10.1m深度　　　　　　(b) 开挖至19.1m深度

(c) 开挖至34.64m深度　　　　　　(d) 接收井开洞

图 4-18 接收井地下连续墙平面应力 σ_x

(a) 开挖至10.1m深度

(b) 开挖至19.1m深度

(c) 开挖至34.64m深度

(d) 接收井开洞

图 4-19　接收井地下连续墙平面应力 σ_y

接收井围护结构的最大位移和应力值　　　　表 4-3

围护结构部位	平面应力（MPa）		位移（mm）
	σ_x	σ_y	
连续墙非出洞	−2.36	−2.94	3.8
连续墙左右侧	−2.84	−2.37	4.1
连续墙出洞侧	−3.25	−2.74	4.3

可见，随着竖井不断从上向下开挖土体，地下连续墙的受力和变形不断增大，其中，地下连续墙非出洞侧部位的最大位移为 3.8mm，出现在竖井开挖到底阶段，最大平面应力 σ_x、σ_y 均出现在竖井开洞阶段；连续墙左右侧最大位移达 4.1mm，出现在开挖到底阶段，最大平面应力 σ_x、σ_y 均出现在竖井开洞阶段；连续墙出洞侧最大位移达 4.3mm，出现在竖井开挖到底阶段，而最大应力 σ_x 则出现在竖井开洞阶段，最大应力 σ_y 出现在竖井开挖到底阶段。

综上，接收井围护结构设计是满足安全要求的。根据盾构接收井围护结构受力情况，对地下连续墙和内衬结构进行配筋设计，并加强围护结构环向配筋设计和洞口周边结构的配筋，确保竖井围护结构及出洞口部位的结构安全。

4.2.4　计算分析小结

（1）从盾构始发井的三维动态施工数值模拟计算结果及其分析可知，始发井地下连续墙后靠背侧位移随竖向深度分布规律呈横向"W"形，最小位移出现在深度 19m 位置和 28.5m（坑底位置）；连续墙左右侧位移随竖向深度分布规律呈横向"V"形，最小位移出现在深度 28.5m（坑底位置）；连续墙进洞侧位移随竖向深度分布规律呈横向"V"形，最小位移出现在深度 19m 位置。连续墙最大位移（5.1mm）出现在出洞侧，小于规范控制值要求；混凝土最大压应力值（3.57MPa）出现在连续墙后背侧，小于混凝土容许应力值。综上，始发井围护结构设计满足安全要求。

（2）从盾构接收井的三维动态施工数值模拟计算结果及其分析可知，接收井地下连续墙非出洞侧、左右侧、出洞侧的位移分布规律基本一致，即坑底附近的位移最小。位移从连续墙顶部至坑底部逐渐减小，从坑底部至墙底部则逐步增大。连续墙最大位移（4.3mm）出现在出洞侧，小于规范控制值要求；混凝土最大压应力值（3.25MPa）出现在连续墙出洞侧，小于混凝土容许应力值。综上，接收井围护结构设计满足安全要求。

4.3　接收井围护结构施工监测及反馈分析

监测是控制施工安全和工程质量的重要措施，亦是了解工程结构安全的重要手段。鉴于湛江湾跨海隧道工程的特殊性，工程针对盾构竖井基坑支护结构施工进行了系统的工程监测和科研监测。其中，高水压接收井施工安全监测内容如下：

（1）地面及邻近建筑物沉降（4 个变形测点和 10 个水准标点）；
（2）分层沉降监测（64 个电磁沉降环，利用电磁沉降监测）；
（3）深层水平位移（4 根测斜管，采用测斜仪监测）；
（4）孔隙水压力（采用渗压计监测接收井外围地下水位）。

4.3.1　位移

2012 年 1 月完成连续墙施工，2012 年 2 月 14～18 日开挖第一层土方（▽4.6m～

▽-0.14m），2012年8月15日开挖至底，8月16日浇筑混凝土底板，8月20日浇筑最后一块内衬墙，11月8日破洞门，12月14日盾构机出洞。对支护结构在上述施工过程进行深层水平位移的监测，具有重要意义。地下连续墙内测斜管布置如图4-20所示，其中，S1布置于地下连续墙后靠背处，S2、S5分别布置于连续墙左右侧，S3布置于连续墙开洞侧，S4布置于连续墙后靠背与右侧之间。施工过程中，由于部分测斜管被挖断，导致某些日期的监测数据缺失。

根据已有的接收井地下连续墙深层水平位移监测资料，结合已建模型的施工过程和实际施工阶段，4月14日开挖至▽-6.14m和5月31日开挖至▽-12.14m的水平位移实测值和计算值对比如图4-21～图4-23所示。

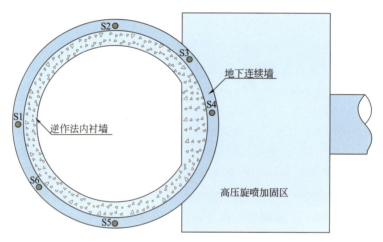

图4-20 接收井测斜管平面布置图

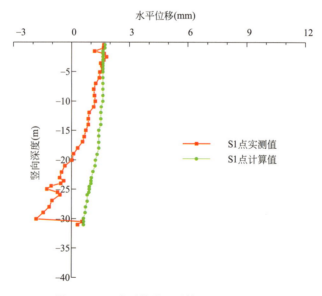

图4-21 S1水平位移（开挖至▽-6.14m）

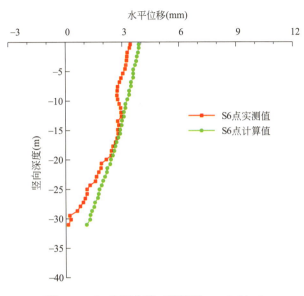

图 4-22　S6 水平位移（开挖至▽－6.14m）

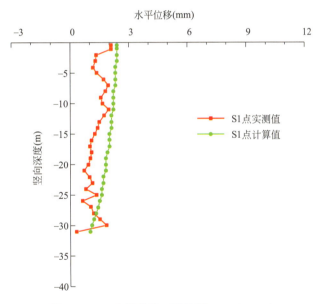

图 4-23　S1 水平位移（开挖至▽－12.14m）

数值模拟与实测数据具有良好的相关性。当开挖至▽－6.14m 时，S1 测斜管测得的连续墙后靠背侧位移呈现随深度增加而增大的趋势，且向基坑内侧发生位移。在 20m 以下位置，位移向基坑外发展，连续墙可视为一根底部固定、上部铰接的梁在侧向荷载下的变形。S6 测斜管位移实测值随埋深增加而逐渐增大。当开挖至▽－12.14m 时，连续墙后靠背侧位移随埋深波动，随埋深增加而增大。

4.3.2　钢筋应力

湛江湾跨海隧道工程对接收井结构内力进行了监测。通过量测竖井支护结构中钢筋的应力，推测支护结构的内力，了解结构内部应力分布情况。采用钢筋应力计对地下连续墙钢筋应力、内衬墙钢筋应力进行监测。在接收井连续墙和内衬墙内侧主筋上各安装4支钢筋计（共8支）。钢筋计安装情况见表4-4，钢筋计布置如图4-24所示，测量值见图4-25、图4-26（拉应力为"＋"，压应力为"－"）。

接收井钢筋计安装情况 表4-4

仪器编号	安装方向	安装位置
R1-1	水平环向	地连墙2号槽段▽－24.5m内侧主筋上
R1-2	竖直	
R2-1	水平环向	地连墙2号槽段▽－15m内侧主筋上
R2-2	竖直	
R3-1	水平环向	内衬墙▽－15m内侧主筋上，R3-1对应R1-1，R3-2对应R1-2
R3-2	竖直	
R4-1	水平环向	内衬墙▽－23.5m内侧主筋上，R4-1对应R2-1，R4-2对应R2-2
R4-2	竖直	

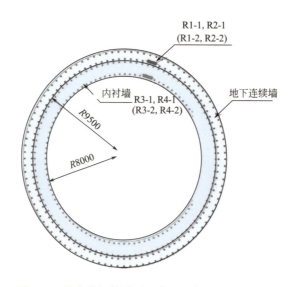

图4-24 接收井钢筋计平面布置示意图（单位：mm）

可见，R1-2处于应力较小的受拉状态，R1-1、R2-1、R2-2均处于受压状态，其整体压应力随施工进行呈增大趋势；水平环向压应力普遍高于竖直方向；R2-1、R2-2在2012年6月29日压应力剧增，此时正值▽－12.14m～▽－18.14m段内衬墙浇筑期，实测数据受施工影响严重。内衬钢筋计应力大于连续墙的钢筋计应力，其测量值亦受混凝土浇筑影响产生波动。

接收井连续墙钢筋计实测特征值列于表4-5，相应的数值计算结果列于表4-6。数值计算结果与实测结果具有良好的可比性，两者应力变化过程趋于一致。施工、温度等因素对钢筋应力测量具有一定影响，但数值模拟暂未考虑上述因素，使得计算值相对实测值略大。

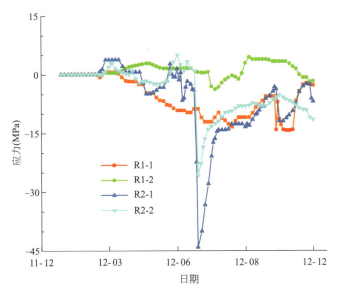

图 4-25　地连墙钢筋计应力值变化

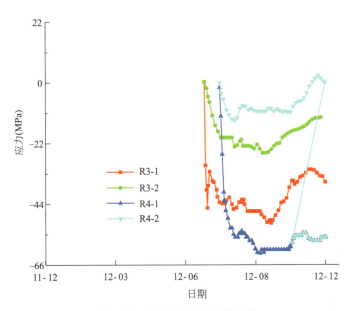

图 4-26　内衬钢筋计应力值变化

连续墙钢筋计实测特征值　　表 4-5

测点号	最大值(MPa)	最小值(MPa)	多年均值(MPa)
R1-1	0.76	−14.04	−6.9
R1-2	4.79	−10.57	1.21
R2-1	3.84	−43.98	−7.03
R2-2	5.04	−26.11	−5.22

钢筋应力计算值 表 4-6

施工阶段	R1-1 （环向应力）	R1-2 （竖直应力）	R2-1 （环向应力）	R2-2 （竖直应力）
开挖 1	−0.13	−1.51	−1.78	0.23
开挖 2	−0.62	−0.93	−0.31	0.11
开挖 3	−1.36	−0.58	−4.74	0.08
开挖 4	−2.42	−0.53	−7.52	−0.42
开挖 5	−3.98	−0.94	−11.12	−1.65
开挖 6	−6.17	−1.91	−14.00	−3.71
开挖 7	−9.13	−3.56	−15.20	−5.80
开挖 8	−12.68	−5.85	−17.44	−7.33
开挖 9	−15.92	−8.58	−18.35	−7.54
开挖 10	−17.97	−11.41	−18.42	−7.74
开挖 11	−18.59	−12.84	−18.40	−7.74
竖井开洞	−18.54	−12.92	−18.34	−7.96

4.4 竖井结构计算与稳定性分析

4.4.1 底板结构受力计算分析

始发井底板直径为 19.5m，底板承受的最高压力水头达 28.5m；接收井底板直径为 19.0m，底板承受的最高压力水头达 34.64m。始发井和接收井底板均采用 2.0m 厚度的钢筋混凝土结构，采用降压井进行降水压处理。选用平面尺寸相对较大的盾构始发井底板结构进行结构受力计算分析，模型如图 4-27 所示。周边采用固定约束，模型考虑底板自重及底部承受水头压力的作用，通过施加集中力模拟底板下方的抗拔锚杆作用，锚杆位置如图 4-28 所示。

图 4-27 竖井底板有限元网格

图 4-28 抗拔锚杆位置

针对4种工况开展计算。其中，工况1考虑底板自重和底板承受28.5m全部压力水头作用，工况2、3考虑底板自重和承受34.64m全部压力水头及所设置的抗拔锚杆作用，工况4考虑底板自重和底板承受34.64m全部压力水头作用，详见表4-7。

竖井底板结构受力计算工况　　　　　　　　　　　　　　　　　表4-7

计算工况	主要考虑因素
工况1	底板自重和28.5m水头压力
工况2	底板自重、34.64m水头压力和13根锚杆作用（单根锚杆抗拔力假定为1000kN）
工况3	底板自重、34.64m水头压力和13根锚杆作用（单根锚杆抗拔力假定为2000kN）
工况4	底板自重和34.64m水头压力

竖井底板结构受力和隆起量　　　　　　　　　　　　　　　　　表4-8

计算工况	底板边缘和中间最大弯矩(kN·m/m)	最大剪力(kN/m)	底板边缘和中间最大应力(MPa)	最大隆起量(mm)
工况1	−2930/+2180	1350	+5.5/−3.3	3.1
工况2	−2250/+1360	1160	+4.2/−2.0	2.1
工况3	−1580/+738	2030	+3.0/−1.0	1.2
工况4	−3810/2700	1780	+7.1/−4.1	3.9

由图4-29～图4-33及表4-8可知：

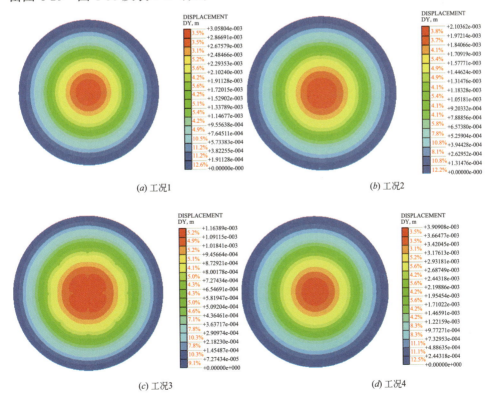

(a) 工况1　　(b) 工况2　　(c) 工况3　　(d) 工况4

图4-29　竖井底板隆起量等色图

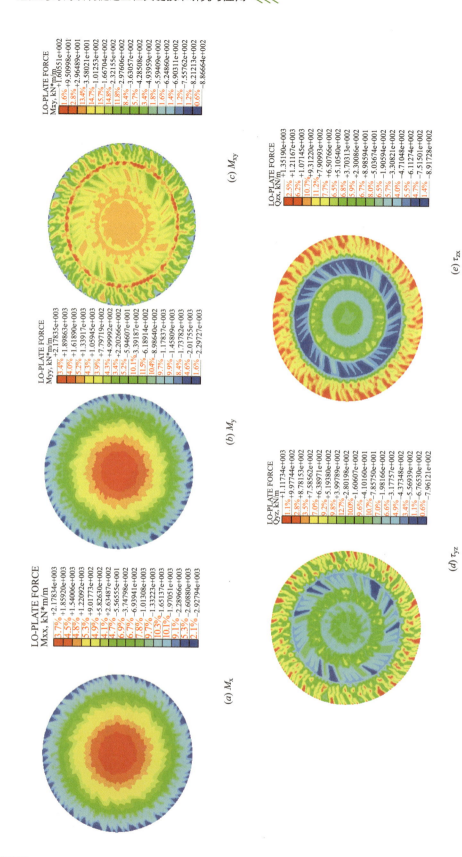

图 4-30 工况 1 竖井底板内力等色图

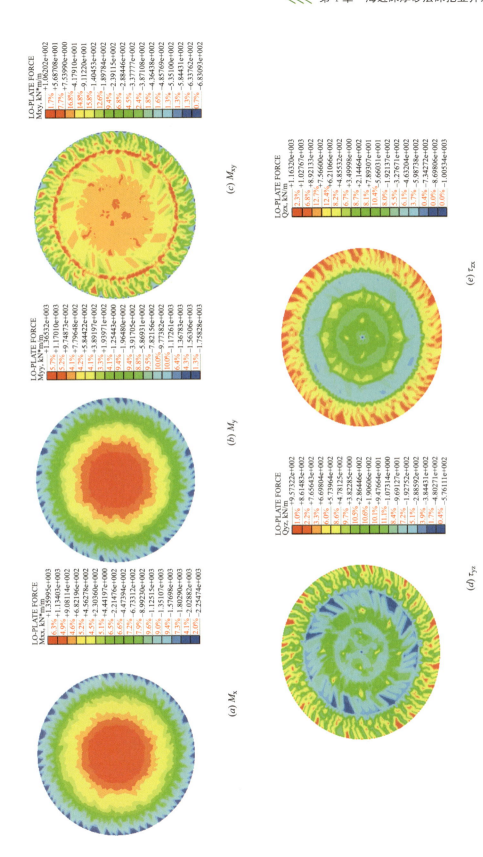

图 4-31 工况 2 竖井底板内力等色图

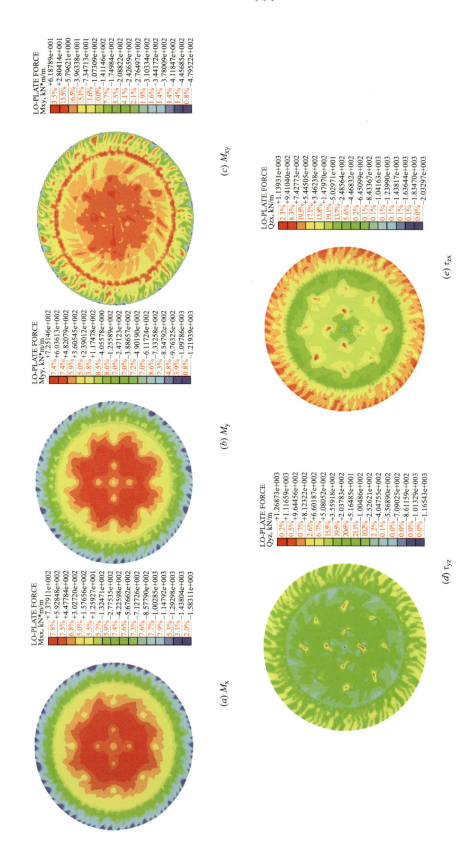

图 4-32 工况 3 竖井底板内力等色图

第 4 章 海边深厚砂层深挖竖井结构设计

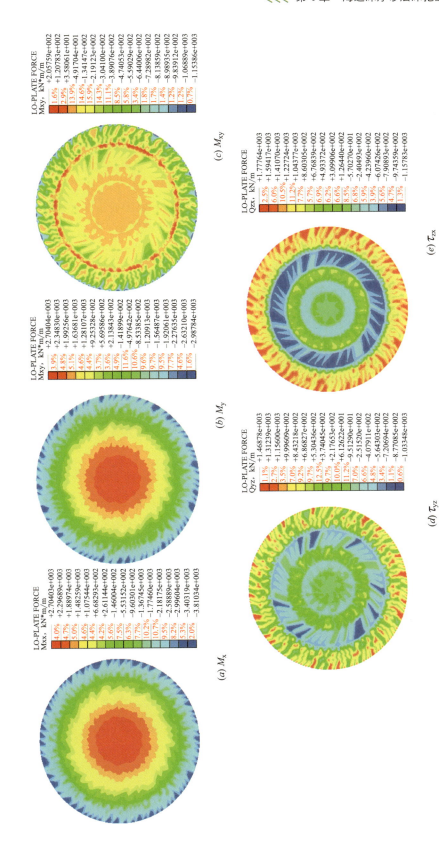

图 4-33 工况 4 竖井底板内力等色图

(1) 工况 1 未考虑设置抗拔锚杆和排水降压措施，底板承受 28.5m 全部水头压力作用，底板边缘和中间处的最大弯矩分别为 －2930kN·m/m 和 ＋2180kN·m/m，最大剪力为 1350kN/m；底板边缘和中间处的最大应力分别为 ＋5.5MPa 和 －3.3MPa，底板最大隆起量为 3.1mm。工况 1 条件下，底板厚度和配筋量较大。

(2) 工况 2 考虑设置抗拔锚杆作用，底板承受 34.64m 全部压力水头作用，底板边缘和中间处的最大弯矩分别为 －2250kN·m/m 和 ＋1360kN·m/m，最大剪力为 1160kN/m；底板边缘和中间处的最大应力分别为 ＋4.2MPa 和 －2.0MPa，底板最大隆起量为 2.1mm。工况 2 底板配筋量比工况 1 小。

(3) 工况 3 考虑设置抗拔锚杆作用，底板承受 34.64m 全部压力水头作用，底板边缘和中间处的最大弯矩分别为 －1580kN·m/m 和 ＋738kN·m/m，最大剪力为 2030kN·m；底板边缘和中间处的最大应力分别为 ＋3.0MPa 和 －1.0MPa，底板最大隆起量为 1.2mm。工况 3 底板配筋量比工况 1 和工况 2 小。

(4) 工况 4 未考虑设置抗拔锚杆和排水降压措施，底板承受 34.64m 全部压力水头作用，底板边缘和中间处的最大弯矩分别为 －3810kN·m/m 和 2700kN·m/m，最大剪力为 1780kN/m；底板边缘和中间处的最大应力分别为 ＋7.1MPa 和 －4.1MPa，底板最大隆起量为 3.9mm。工况 4 条件下，底板厚度和配筋量较大。

综上，采取排水降压、设置抗拔锚杆措施均可极大地减小竖井底板结构受力，从而减小底板结构配筋量和底板结构厚度，实现竖井底板结构的安全经济设计。鉴于抗拔锚杆施工将对工期带来不利影响，本工程在底板结构设计时，采取竖井基底排水降压的措施。

4.4.2　井底土体加固厚度验算

湛江湾盾构隧道始发井和接收井围护结构均采用地下连续墙＋内衬混凝土组合结构，采用高压旋喷加固底板下方土体，需对加固厚度进行竖井基底抗隆起验算。根据《地基处理手册》（第二版），按式（4-1）进行土体加固厚度计算：

$$F_s = \frac{W+F}{u} \tag{4-1}$$

式中　F_s——安全系数；

　　　W——加固土体重量；

　　　F——地下连续墙与加固土体之间的摩擦合力；

　　　u——地下水产生的上浮力。

针对始发井和接收井围护结构设计及施工特点，分别选择竖井封底前和竖井封底后两者工况进行竖井基底土体加固厚度抗隆起验算。

1. 封底前

式（4-1）中的参数按式（4-2）～式（4-4）进行计算。

$$W = \frac{1}{4}\pi D^2 H \gamma_{旋} \tag{4-2}$$

$$F = \pi D H f \tag{4-3}$$

$$u = \frac{1}{4}\pi D^2 H_w \gamma_w \tag{4-4}$$

式中 D ——竖井下方高压旋喷加固土体范围直径;

H ——高压旋喷加固土体厚度;

f ——地下连续墙与加固土体之间的摩擦力,可采用 $f = \dfrac{c}{3}$ 或通过加固土体的单轴抗压强度值进行估算;

c ——加固土体的黏聚力;

H_w ——高压旋喷加固土体底部处的压力水头。

分析表明,当 $f \geqslant 140 \text{kPa}$ 时,盾构始发井底部采用 10m 厚高压旋喷加固土体的方案是可行的,其安全系数满足 $F_s \geqslant 1.1$;当 $f \geqslant 193 \text{kPa}$ 时,盾构接收井底部采用 10m 厚高压旋喷加固土体的方案是可行的,其安全系数满足 $F_s \geqslant 1.1$。

2. 封底后

式 (4-1) 中的参数按式 (4-5)~式 (4-7) 进行计算。

$$W = W_1 + W_2 + W_3 \tag{4-5}$$

$$F = \pi D_{外} H_{墙} f_{外} \tag{4-6}$$

$$u = \frac{1}{4}\pi D_{外}^2 H_w \gamma_w \tag{4-7}$$

式中 W_1 ——高压旋喷加固土体自重,$W_1 = \dfrac{1}{4}\pi D^2 H \gamma_{旋}$;

D ——竖井下方高压旋喷加固土体范围直径;

W_2 ——竖井内衬墙自重;

W_3 ——竖井地下连续墙自重;

$D_{外}$ ——竖井地下连续墙外直径;

$H_{墙}$ ——地下连续墙高度;

$f_{外}$ ——地下连续墙与外侧土体之间的平均摩擦力;

H_w ——高压旋喷加固土体底部处的压力水头。

分析表明,盾构始发井和接收井底部采用 10m 厚高压旋喷加固土体的方案是可行的,在未考虑地下连续墙外侧土体摩擦力情况下,其安全系数 $F_s \geqslant 1.3$。

综上,采用 10m 厚的高压旋喷加固竖井基底土体方案,要求地下连续墙与基底加固土体之间结合良好,可提供满足基底抗隆起要求的摩擦力。由于竖井封底加固深度大,需考虑施工因素对地下连续墙与基底加固土体之间摩擦力的影响,工程在竖井地下连续墙施工前进行竖井基底下方土体加固施工,并在井底采取排水降压措施,既可适当减少始发井的加固厚度、节省工程投资,又可提高竖井地下连续墙与竖井基底加固土体之间及地下连续墙外侧壁之间的摩擦力,从而确保竖井基底抗隆起安全。

4.4.3 内衬结构抗掉落和抗浮验算

在竖井底板封底前内衬结构施工过程和底板结构封底后内衬结构存在两种风险:一是

施工过程内衬结构在自重作用下的掉落问题,二是底板封底后的抗浮问题。因而,需针对上述问题进行专门的验算,以保证工程安全。

针对竖井施工过程中内衬结构在自重作用下的掉落问题,应考虑的主要因素为内衬结构自重和地下连续墙与内衬结构之间的剪切力。内衬结构抗掉落安全系数按式(4-8)计算:

$$F_s = \frac{T}{W} = \frac{\tau \times H \times \pi \times D_2 \times 4}{\gamma \times H \times \pi \times (D_2^2 - D_1^2)} = \frac{\tau \times D_2 \times 4}{\gamma \times (D_2^2 - D_1^2)} \tag{4-8}$$

式中　F_s——抗掉落安全系数;
　　　T——地下连续墙与内衬结构之间的剪切力;
　　　W——内衬结构自重;
　　　τ——地下连续墙与内衬结构之间的单位剪切力;
　　　γ——内衬结构重度;
　　　D_1——内衬结构内径;
　　　D_2——内衬结构外径。

经验算,若抗掉落安全系数 $F_s \geqslant 1.5$,则内衬结构与地下连续墙之间的剪切力需满足 $\tau \geqslant 50\text{kPa}$;若抗掉落全系数 $F_s \geqslant 1.1$,则内衬结构与地下连续墙之间的剪切力需满足 $\tau \geqslant 37\text{kPa}$。

竖井内衬结构采用明挖顺筑工法,每段内衬结构在浇筑后主要承受内衬结构自重,内衬结构与地下连续墙之间的相互挤压作用需在竖井开挖下一阶段土体时产生,其间的剪切力相对滞后于内衬结构的自重作用。另外,在施工过程中,地下连续墙和内衬结构上部可能产生拉应力。因此,在竖井内衬结构的设计和施工过程,需采用必要措施预防发生掉落事故。

竖井底板结构封底后,需对竖井内衬结构进行抗浮验算,考虑竖井内衬结构自重、水的上浮力和内衬结构与地下连续墙之间的剪切力等主要因素。

1. 始发井

若不计内衬结构与地下连续墙之间的剪切力,抗浮安全系数为 $F_s = 0.76$;若抗浮安全系数 $F_s \geqslant 1.1$,则内衬结构与地下连续墙之间的平均剪切力需满足 $\tau \geqslant 24.6\text{kPa}$。

2. 接收井

若不计内衬结构与地下连续墙之间的剪切力,抗浮安全系数为 $F_s = 0.83$,若抗浮安全系数 $F_s \geqslant 1.1$,则内衬结构与地下连续墙之间的平均剪切力需满足 $\tau \geqslant 24.4\text{kPa}$。

竖井采用内衬结构顺作法施工,内衬结构与地下连续墙之间的正应力相对大,可提供较大的最大剪切力,因而,竖井内衬结构可满足抗浮要求。

因而,工程对连续墙与内衬结构的接触面进行凿毛、冲洗,设置插筋,并在井口处采用连续墙压顶梁和内衬结构整体浇筑,使之形成锁口,加强二者连接的整体性,以防止施工过程内衬结构的掉落,满足竖井底板结构封底后内衬结构的抗浮要求。

4.4.4　最大排水量估算

根据排水降压设计理念,盾构竖井基底的最大理论排水量可按式(4-9)计算:

$$Q = \frac{1}{4}\pi D^2 k_s \frac{h_w}{H} \tag{4-9}$$

式中 Q ——盾构竖井基底的最大理论排水量；

D ——竖井基底下方加固土体范围的直径；

k_s ——加固土体渗透系数，由现场试验确定；

h_w ——加固土体底部与竖井底板之间的最大压力水头差；

H ——竖井下方加固土体厚度。

假定竖井加固土体的渗透系数 $k=10^{-4}\text{cm/s}$，加固土体厚度为 10m，竖井基底底板结构下方不承受水压力作用，则最大的理论排水量 $Q=3.6\text{m}^3/\text{h}$。

第5章 跨海隧道高水压软土盾构设备选型及适应性设计

湛江湾跨海盾构隧道位于湛江湾最窄处，由南三岛至东海岛，横穿海底，走向S14.1°W。隧道中心轴线高程为▽-15m～▽-56m，纵坡为3.0927‰～-3.946‰，隧道地下埋深为16.25～45m，水下埋深为24～60m。隧道穿越地层以③-2中细砂层和⑥黏土夹砂层为主，存在中等～强透水砂层，围岩与海水直接连通，最大外水压力约0.3～0.65MPa。隧道区间沿线均为软弱地层，海底掘进长达2.75km，中间无条件设置工作井，不具备直接开仓换刀的条件。

工程地质条件复杂，施工要求苛刻，选用的盾构设备须具备良好的耐磨、耐压、密封等性能。盾构设备适应性设计充分考虑：（1）适合长距离掘进，中途不换刀；（2）适合黏土层和砂层及黏土夹砂层等软土地层条件；（3）适合承受0.7MPa的外水压力；（4）能合理兼用辅助施工法等。设备具体要求：（1）可挖掘直径为6280mm隧道，衬砌厚度为450mm，宽度为1500mm的管片；成型隧道外径为6000mm，内净空5100mm；（2）隧道单端掘进长度大于2.75km，中途不换刀维修；（3）承受最大外水压力为0.7MPa；（4）长距离最大坡度为39.46‰的隧道掘进；（5）特殊地段局部断面夹硬度较大的铁质层和钙质层的掘进；（6）具备进行掌子面及隧道周边地层加固的功能。

针对长距离掘进特殊要求，本工程对盾构机进行了专门的实用性功能设计，在工程实践中已取得良好效果。

5.1 盾构机选型及适应性设计

5.1.1 盾构机型选择

根据地质状况和施工技术要求，工程对泥水平衡式和土压平衡式两种盾构机型进行比对，如表5-1所示。

泥水平衡式盾构和土压平衡式盾构　　表5-1

	泥水平衡式盾构	土压平衡式盾构
平衡原理简述	工作面与盾构机之间设有隔板，工作面被加以大于孔隙水压力的泥浆压力，表面形成泥水黏膜及渗透膜，在刀盘配合下使工作面得以稳定	工作面与盾构机之间设有隔板，经刀盘切削的泥土中被加入高浓度的人造泥浆或泡沫等材料，经过搅拌棒的强力搅拌后，形成具有流动性、止水性、塑性的"三性"介质，充满切割仓及螺旋输送机内，盾构千斤顶推力使切割仓内形成土压力，用以平衡工作面的地下水土压力

续表

地质情况		泥水平衡式盾构	土压平衡式盾构
地质情况	渗透系数	$>10^{-2}$ cm/s	$10^{-3} \sim 10^{-1}$ cm/s
	孔隙水压	无特别限制,可通过泥浆压力来控制	宜小于150kPa,万一超过该值,需启用相应的防喷涌措施
	细颗粒比例	$>10\%$	可适应极细颗粒
	含水量	无特别限制	当含水量<30%时,需加入泥浆、水、泡沫等增强流动性
	硬度、N_0值、内摩擦角、黏着力	无特别限制,但需考虑对付硬岩的措施（砾石破碎装置）	无特别限制,但需考虑破岩刀具的维修
优点		1.控制泥水压力,可保持工作面稳定,沉降较小; 2.排土采用泥浆管输送,水压较高地段亦不出现喷涌现象; 3.所需扭矩较小,刀具不易磨损; 4.流体运输,弃土输送效率高,适合长距离输送	1.控制泥浆土压,有效抵抗水压、土压,保持工作面稳定,沉降较小; 2.地质适应范围较广,适合混合地层; 3.人造泥浆设备规模较小,可根据围岩状态,切换成开放模式掘进,便于控制工作面; 4.弃土易处理、费用较低
缺点		1.若工作面渗透系数较高,易造成泥浆渗漏,难以保证泥水压力; 2.遇到黏土地段,排泥口可能堵塞,导致土舱切口水压变动使工作面不稳定; 3.需要增加泥水处理设备,地面设施场地增大; 4.弃土处理较困难、费用较高	1.若孔隙水压较高,富水性较大,易产生喷涌,工作面压力难以保证; 2.遇砂砾地层、黏土地层,刀盘的扭矩会增大,刀盘磨损较快

隧道主要穿越软弱、渗透系数较高的地层,沿线最大外水压力达0.65MPa,正面压力大。若采用土压平衡式盾构机,需在螺旋输送机末端设置减压阀。考虑到隧道直径有限,布置出土螺旋输送机困难较大,本工程采用泥水平衡式盾构机。

此外,隧道沿线③-2层中细砂具强渗透性（$k_{渗透} \geqslant 10^{-2}$cm/s）,局部细粒含量不足10%,影响泥水加压效果;⑥黏土夹砂层中上部存在四处铁质层和一处钙质结核（一般厚1~5cm,最厚10cm）,铁质层胶结致密坚硬,沿管线方向分布不连续。盾构机主要在⑥层中下部通过,钻探虽未发现隧道部位有铁质层,但湛江组地层中铁质层分布不均,可能在隧道沿线局部遇到铁质层。因而,盾构机需配备合理的刀具,以适应长距离掘进。

5.1.2 适应性设计特点

1. 软土的适应性设计

（1）盾构机设计具有完善的泥水平衡掘进功能,通过全自动控制装置,保证土舱内泥浆压力（切口压力）稳定,在整个开挖面、拱顶及筒体外部空隙处,存在泥浆压力和泥皮作用,即便在软土地层,泥水盾构亦能保证开挖面的稳定,极大地降低地层沉降。

（2）密封舱内设置扇形泥水缓冲气压室,根据切口压力目标值设定空气压力。当切口水压波动时，可压缩空气将自动缓冲，有效稳定切口水压，确保挖掘面土体稳定。

（3）盾构机设计采用大循环流量、可切换的多点式进浆口，刀盘开口处、中心回转轴和排泥口处设置高压冲刷装置，刀盘和土舱内配备主动和被动搅拌棒，搅拌进入舱内的泥团，防止土舱堵塞。

2. 复合地层的适应性设计

（1）盾构机刀盘周边布置滚刀，应对局部出现的铁质胶结致密坚硬地层；分层次布置各类刀具，主切削刀超前，提高切削效率，防止滚刀偏磨。

（2）设计的刀盘具有足够的强度和刚度，适应在复合地层中掘进时产生的大推力和偏心受压；泥水发挥"润滑剂"和"冷却剂"的功效，减少刀具磨损，降低换刀必要性。

（3）刀盘开口处、中心回转轴和排泥口处设置高压冲刷装置，有效防止产生泥饼；压力密封舱隔板增设专用的高压喷射枪进出压力密封舱孔道，便于高压喷射枪入舱消除泥饼。

3. 整机总体功能设计

本工程盾构设计充分考虑了隧道施工中可能发生的各类情况，具备了盾构施工中开挖、送排泥、支护、注浆、导向、控制等过程所需的全部功能，包括盾构掘进系统、泥水加压和循环系统、综合管理系统、泥水分离处理系统、管片安装系统、壁后注浆系统、动力系统、电气控制系统、激光导向系统及通风通信、供水供电系统等。盾构机结构设计选取合理安全系数，充分预留各部件的强度与刚度，满足盾构施工特殊荷载要求。同时，盾构各部件及动力、电气元器件采用知名品牌，保证产品质量安全可靠。

4. 整机操作性能设计

盾构机操作设计旨在减轻操作者劳动强度、提高工作效率。盾构机油压、油温、气压、姿态等主要参数将反馈至主控室内，操作者在其中可完成盾构掘进的绝大部分操作，如启动泵站、推进、调向、控制刀盘等。

管片安装机采用无线遥控盒操作方式，操作更加轻松、高效，便于控制管片安装质量。盾构机内的送浆管、主排泥管、旁通管分别配备液压操作球阀，送排泥浆过程操作与参数控制全部在一个操作面板上完成，遥控启动开关操作。

随时监视刀盘旋转时的注脂情况，若出现注脂回路异常，刀盘及盾构机将自动停止。此外，当刀盘扭矩出现异常时，亦将自动停机。

5. 整机控制系统设计

盾构机广泛采用电动、控制、导向等领域的新技术。控制系统底端全部由 PLC 可编程控制器直接控制，上端由上位机进行总体控制。洞外技术部门通过网络系统进行监控、调试及控制，数据采集系统记录盾构操作的全过程参数。

动力系统的主驱动、推进、送排泥及管片安装等系统广泛采用比例控制、功率限制等先进的控制技术。采用先进的 Enzan 盾构掘进管理自动测量系统，控制隧道方向。

5.2 盾构机技术性能和参数

盾构机主要技术性能和参数列于表 5-2。

技术性能与参数 表 5-2

序号	位置	项目名称	出厂参数	备注
1	盾构整体	机体总长	80.20m(不含刀盘)	
		尾壳厚度	40mm	
		盾尾间隙	75mm	
		装备总功率	1898.87kW	
		最大掘进速度	60mm/min	
		盾尾密封	三排密封刷,一排钢板刷,中间充满并不断加注盾尾油脂	
2	刀盘	开挖、超挖直径	φ6280mm	
		驱动形式	变频电动驱动	
		开挖范围	φ6280mm～φ6300mm	
		最大转速	3rpm	
		最高扭矩	5442kN·m	
		扭矩系数	1	
3	铰接装置	形式	主动型	V形平面铰接方式
		最大行程差垂直、水平(mm)	垂直:150 水平:150	
		最大转角垂直、水平(度)	垂直:1.5° 水平:1.5°	
4	液体输送	P1.1 输出功率(kW)	350	
		转速(rpm)	1100	
		扬程(m)	55	
		数量(台)	1	
		P2.1 输出功率(kW)	350	
		转速(rpm)	1100	
		扬程(m)	55	
		数量(台)	1	
		P2.2 输出功率(kW)	350	
		转速(rpm)	1100	
		扬程(m)	55	
		数量(台)	1	
5	润滑系统	油脂供脂装置 供脂部位	土沙密封部	
		供脂方式	供脂泵方式	
		自动供油装置 供脂部位	刀盘驱动部、轴承部	
		供脂方式	供油泵方式	
6	管片拼装器	类型	中心回转式	环状齿轮龙门式
		转速	0～1.52rpm	
		提升能力	75kN×2	
		径向行程	0～1000mm	
		轴向行程	0～2000mm	

续表

序号	位置	项目名称		出厂参数	备注
7	液压马达	管片拼装机旋转用	排量(L/rev)	3421tf	
			扭矩×压力 (kN·m×MPa)	10.56×19	
			数量(台)	2	
			减速比 i		
8	电动机	盾构推进用	输出功率(kW)	55	
			极数(P)	4	
			电源(V×Hz)	380×50	
			数量(台)	1	
		刀盘旋转用	输出功率(kW)	90	
			极数(P)	6	
			电源(V×Hz)	380×50	
			数量(台)	8~10	
		铰接用	输出功率(kW)	18.5	
			极数(P)	4	
			电源(V×Hz)	380×50	
			数量(台)	1	
		管片拼装机旋转用	输出功率(kW)	55	
			极数(P)	4	
			电源(V×Hz)	380×50	
			数量(台)	1	
		管片拼装机千斤顶用	输出功率(kW)	7.5	
			极数(P)	4	
			电源(V×Hz)	380×50	
			数量(台)	1	
		仿形刀用	输出功率(kW)	11	
			极数(P)	4	
			电源(V×Hz)	380×50	
			数量(台)	1	
		油脂供脂用	输出功率(kW)	2	
			极数(P)	4	
			电源(V×Hz)	380×50	
			数量(台)	2	
		自动供油用	输出功率(kW)	0.75	
			极数(P)	4	
			电源(V×Hz)	380×50	
			数量(台)	1	

续表

序号	位置	项目名称		出厂参数	备注
8	电动机	送、排浆阀用	输出功率(kW)		与盾构机共用
			极数(P)		
			电源(V×Hz)		
			数量(台)		
		整圆机用	输出功率(kW)		与铰接共用
			极数(P)		
			电源(V×Hz)		
			数量(台)		
9	液压泵	盾构推进用	排量(L/min)	70	
			工作压力(MPa)	35	
			转速(rpm)	1500	
			数量(台)	1	
		铰接用	排量(L/min)	25	
			工作压力(MPa)	35	
			转速(rpm)	1500	
			数量(台)	1	
		管片拼装机旋转用	排量(L/min)	133.9	
			工作压力(MPa)	21	
			转速(rpm)	1500	
			数量(台)	1	
		管片拼装机千斤顶用	排量(L/min)	21.2	
			工作压力(MPa)	14	
			转速(rpm)	1500	
			数量(台)	1	
		仿形刀用	排量(L/min)	25.4	
			工作压力(MPa)	21	
			转速(rpm)	1500	
			数量(台)	1	
		油脂供脂用	排量(L/min)	0.031	
			工作压力(MPa)	18	
			转速(rpm)	1500	
			数量(台)	2	
		自动供油用	排量(L/min)	9	
			工作压力(MPa)	0.2	
			转速(rpm)	1500	
			数量(台)	1	

续表

序号	位置	项目名称		出厂参数	备注
9	液压泵	送、排浆阀用	排量(L/min)		与盾构机共用
			工作压力(MPa)		
			转速(rpm)		
			数量(台)		
		整圆机用	排量(L/min)		与铰接共用
			工作压力(MPa)		
			转速(rpm)		
			数量(台)		
10	刀盘设计和刀具布置	刀盘设计	刀盘对复合地层的适应性	通过更换刀盘上滚刀的配置形式,能适应本工程地质条件	对复合地层的适应性较强
			刀盘的开口率	36%	根据刀具布置适当调整开口率
			刀间距的布置	根据不同的岩层进行布置,间距为90~100mm	
		刀具布置	中心刀的类型	在软土层为中心齿刀	
			滚刀的数量及轴向转动力矩	17英寸滚刀一把,转动力矩为47.5~57.5kN·m	
			刮刀数量	标准切削刀:68把;周边先行刮刀:8把	刀具装有磨损检测装置
			各种刀具高差设置	以距离刀盘面计:刮刀90mm;先行刀(滚刀交换型)140mm;先行刀(焊接型)120mm	

人闸气压设备	人闸为双闸,人闸测试压力为0.7MPa。包含气压调节阀2个、外控进气阀2个、内控进气阀2个、内控排气阀2个、外控排气阀2个、内接气压表2个,以及显示土舱及气舱内压力的压力表各1个

盾构机掘进所配置的缓冲气压室可较好地控制土舱内压力平衡,确保掌子面稳定,有效控制地面沉降。
另外,配置大功率的送排泥泵(600m³/h),较大的循环流量可有效地防止产生泥饼

5.3 盾构机部件及功能

  盾构机是一种集多种功能于一体的综合性设备,具备了施工过程中的开挖、排土、支护、注浆、导向等全部功能。泥水平衡式盾构机在结构上包括壳体、刀盘、盾体、人行闸、盾尾密封刷、铰接装置、管片拼装机、整圆器、电机车、后配套台车等;在功能上包括刀盘驱动系统、盾构掘进系统、管片安装系统、壁后同步注浆系统、盾构掘进管理自动测量系统、环流输送泥浆循环与处理系统、液压系统、电气控制系统及通风、通信、供水、供电系统等。

5.3.1 盾构机主体

本工程中采用的盾构机主体结构如图 5-1 所示。

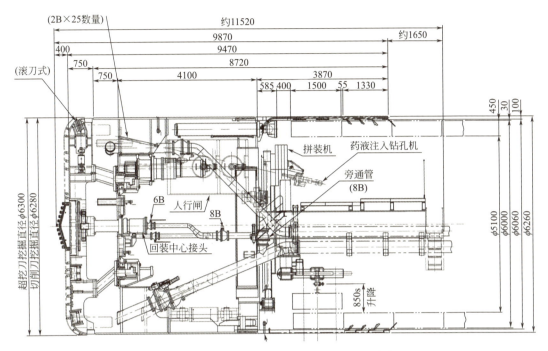

图 5-1　$\phi 6280$ 泥水平衡式盾构机主体结构简图（单位：mm）

1. 盾壳

盾壳是盾构机受力支撑的主体结构，起到支承和安装各类设备和管片、保护内部操作人员的作用。壳体包括前壳体和后壳体，由厚钢板卷板焊接精加工而成，前后壳体间设有铰接装置，前后壳体承插优质密封橡胶装置，铰接装置允许前后壳体间形成一定的转角。

前壳体装有压力隔板将前体的密封舱和主舱分离。隔板上的门供人进入密封舱进行保养和检查工作。前体隔板上安装压力传感器用以监测密封舱切口水压，以便在泥水平衡模式下及时反馈和调节密封舱内的土舱压力。后壳体内布置推进油缸、铰接油缸和管片安装机架，后部为盾尾，尾壳内安装盾尾密封装置。

2. 刀盘和刀具

刀盘是盾构机的旋转部分，刀盘包括焊接结构件和刀架，在支撑工作面土压的同时进行开挖。通过刀盘旋转，挖出的渣土从刀盘开口导入密封舱。刀盘安装搅拌棒，搅拌混合泥土和泥水。刀盘安装在主轴承的内齿圈上，采用八个电机马达驱动，刀盘设计为双向旋转，其转速可五级调节。本工程使用的刀盘及配置的刀具如图 5-2 所示。

（1）刀盘结构

为了增强刀盘的强度和刚度、保证地层适应性，刀盘采用整体结构，材料采用 Q345C（JIS SM490A）钢。主轴承由三轴滚柱轴承支撑，附带内齿圈。其中，轴承设计使用寿命为 10000h。

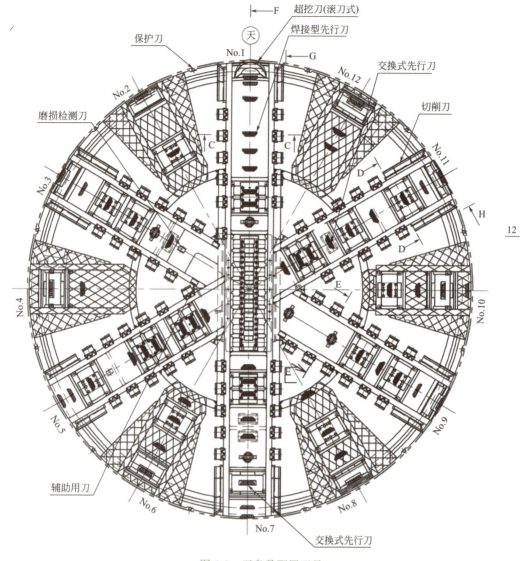

图 5-2 刀盘及配置刀具

刀盘开口率设为 36%，均匀布置开口宽度，最大开口宽度控制在 340mm 或以内，可使切削下的土渣更快速、更容易进入土舱，减小刀盘前结泥饼的概率，有利于硬岩切削后从刀盘不同部位同时进入土舱。

（2）刀盘耐磨设计

为了保证刀盘在长距离掘进时的耐磨性能，刀盘前的圆周区域焊接三道耐磨条，周边区域焊接耐磨层，轮缘区域后部焊接耐磨块。

（3）刀座

将刀盘先行刀直接焊接在刀座上，刀座采用可拆卸连接方式，每个可更换刀座由 16 颗 M22 螺栓连接在刀盘上。

（4）刀盘注水装置

刀盘开口处设置多个高压注水孔，刀盘的中心回转轴上设置中心冲刷旋转接头，能有效冲刷刀盘上的泥块,防止形成泥饼,降低刀盘切削扭矩,增强刀盘的切削性能。

(5) 刀盘驱动方式

采用变频电动驱动,刀盘转速控制在 0.3～3.0rpm,以获得适合砂层等软弱地层的最佳转速。刀盘的最大力矩为 5896kN·m,将转速为 0.3～1.52rpm 作为最大力矩 5442kN·m 的额定力矩域,将转速为 1.52～3.0rpm 作为 2324kN·m 时的额定马力域进行控制。

刀盘和刀具设计合理,在施工中取得良好的效果。刀盘进洞前和出洞后情况见图 5-3。

(a) 进洞前

(b) 出洞后

图 5-3　盾构机刀盘

3. 人闸系统

人闸系统包括设于盾构机密封隔板处的一道人行闸和增压减压气压仓。当工作面能自稳且地下水不丰富时，人员可通过检修孔或人闸直接进入土舱进行检修、更换刀具、排除风化夹层等作业。当工作面不能自稳或地下水丰富时，需要在土舱内建立局部气压，并配备局部气压自动保持系统，人员通过人闸系统的增压—减压气压仓进出切割仓，保证进入前仓施工的安全。

盾构机配备两舱式人行密封闸（可容纳2人），供换刀、检查切削面等紧急情况下使用。人行闸的标准压力为0.6MPa，试验压力按标准压力+0.15MPa进行设定。人行闸具有安全规格所要求的空间，内部设置压力计、温度计、维修检查窗、灯光照明等。如图5-4、图5-5所示。

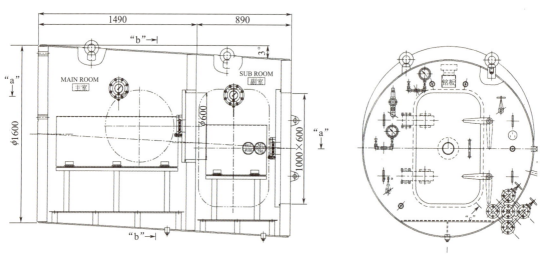

图5-4　盾构机人行闸示意图

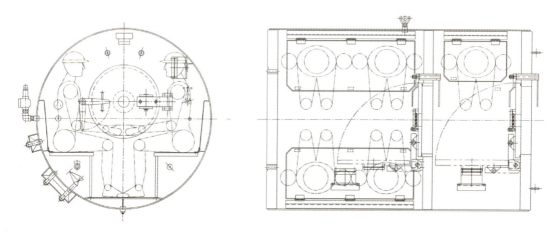

图5-5　盾构机人行闸构造图

4. 盾尾密封

本工程隧道单向掘进距离长达 2.75km，对设备的可靠性和耐久性要求高；隧道水下埋深大，隧道贯穿的地层含高渗透性砂层，地下水与海水相通，高外水压力对盾尾密封防水性能要求高。

通常，盾尾密封装置由三道密封刷和两个油腔组成。密封刷沿纵向按一定间距分成三道，沿环向均匀安装在盾构机尾部的圆形盾壳上。三道盾尾密封刷形成前后两个油腔，每个油腔沿 360°圆周均匀布置六个专用油脂注入孔。

盾构机在掘进过程中，盾尾密封刷的弹性钢片、钢丝应始终与衬砌管片保持相互挤压的状态，形成两个密闭的油脂腔。向油脂腔注入油脂后，形成一道密实的油脂环紧贴在管片外表面，封闭盾壳与管片之间的空隙形成密封保压堵头，达到掘进时止水、管片与洞壁间隙灌浆时止浆的目的。

常规盾尾密封装置存在以下不足：

（1）当安装后的管片圆环与盾尾密封刷固有圆环不同心时，易使盾尾和管片间的一边空隙局部过大，产生不密封现象；密封装置受偏心的管片过度挤压，易产生塑性变形，失去弹性，使得密封耐压能力下降；

（2）盾尾密封刷使用一段时间后，因与管片外壁直接挤压摩擦，弹性钢丝易脱落，降低密封性，使得盾构掘进过程地面沉降难以控制。

为了提高密封装置的防水性能，本工程对常规盾尾密封装置进行了改进，在前刷、中刷、尾刷上增设了带折角的弹性钢片夹裹弹性钢丝，并在尾刷上增设了一个弧形向外的弹性钢片，见图 5-6，以防止地层中的泥水、地下水和衬砌外围注浆材料从盾尾间隙漏入盾构机。配备有盾尾刷注脂装置，推进时在每两道密封之间自动注入密封用油脂，以提高密封效果，并减少钢丝刷密封件与隧道管片外表面之间的摩擦，延长密封件的寿命。

图 5-6 新型盾尾密封装置

具体如下：

（1）盾尾密封刷分前刷、中刷和尾刷，均采用前后两片带折角的弹性钢片夹裹弹性钢丝，弹性钢片分为前折弹性钢片和后折弹性钢片，安装时，前折弹性钢片和后折弹性钢片折角朝向相同。密封尾刷后折角弹性钢片外另设一个弧形向外弹性钢片。三个盾尾密封刷作为油腔的隔离装置紧贴于混凝土衬砌管片，注入的油脂可有效地在油腔内形成油脂密封环，保证掘进顺利进行。

（2）盾尾密封刷的折角弹性钢片按管片与盾尾空隙最大值和最小值状态设计。当管片与其挤压时，钢片呈倒"S"状，与管片形成两个接触点，达到理想受力状态。当管片与盾尾发生设计允许偏心值的状态时，仍形成油脂密封环，达到密封的目的。新型盾尾密封装置密封效果良好，管片与洞壁之间的空间保压值可达 0.5MPa 以上。

新型盾尾密封装置结构如图 5-7～图 5-10 所示。

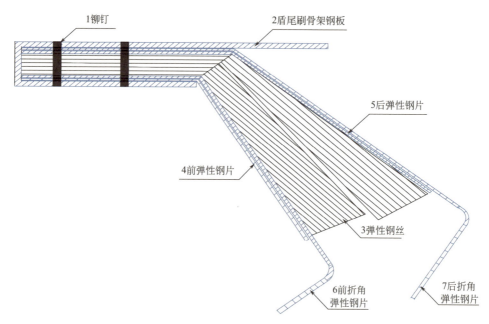

图 5-7 盾尾密封前刷中刷详图

各部件作用如下：

1 铆钉：铆接 3、4、5、6、7 与 2 连接成整体；

2 盾尾刷骨架钢板：与 3、4、5、6、7 连接成整体后，再与盾壳焊接形成盾尾密封装置；

3 弹性钢丝：填充间隙并吸纳存储专用油脂；

4 前弹性钢片：避免管片磨损，延长尾刷寿命；

5 后弹性钢片：为 3、6 提供支撑力，使 6 的弯钩能持续紧扣管片；

6 前折角弹性钢片：折角端紧扣管片。当安装在前刷时，可刮除杂物，防止油脂漏出。当安装在中刷时，可刮下油脂形成三角形油脂密封环，达到密封目的；

7 后折角弹性钢片：折角端紧扣管片。当安装在前刷时，可刮除杂物，防止油脂漏出。当安装在中刷时，可刮下油脂形成三角形油脂密封环，达到密封目的，保护 3，阻挡隔离注浆液进入尾刷内。

第 5 章　跨海隧道高水压软土盾构设备选型及适应性设计

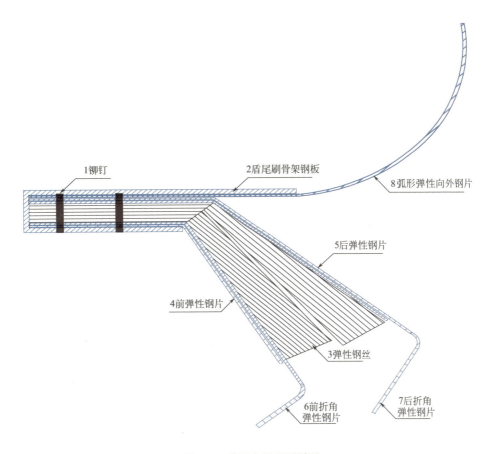

图 5-8　盾尾密封尾刷详图

注：密封尾刷与密封前刷、中刷基本相同，只是在密封前刷、中刷的后折角弹性钢片外增加了弧形弹性钢片。向外弧形弹性钢片端部在弹力作用下，与隧洞洞壁紧贴，阻止注浆液由盾构壳与洞壁间缝隙泄漏。

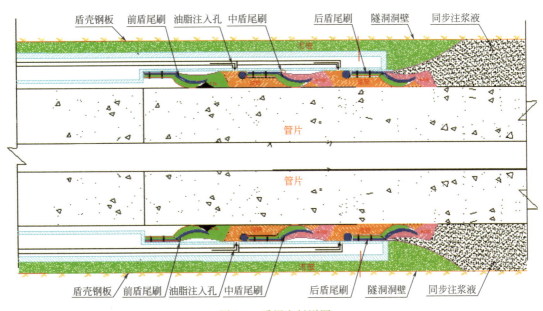

图 5-9　盾尾密封详图

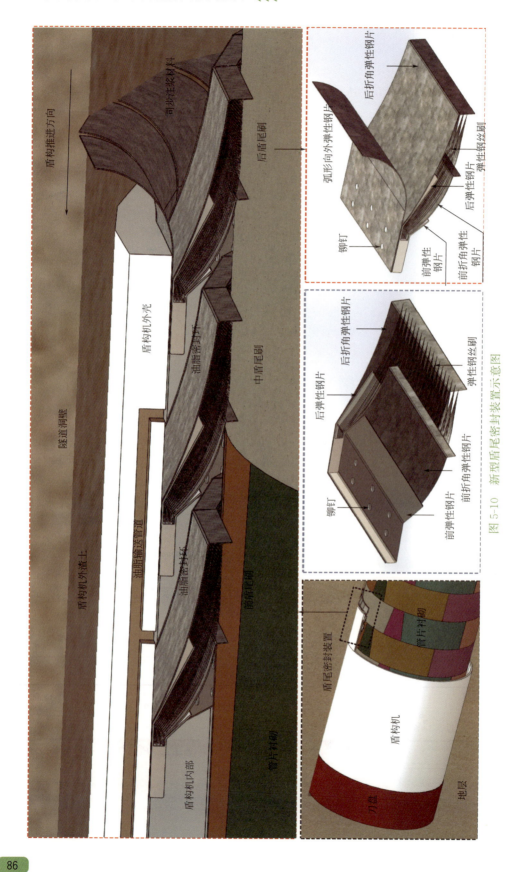

图 5-10 新型盾尾密封装置示意图

5.3.2　刀盘驱动系统

盾构机轴承周围通过油浴进行润滑,并进行油循环(自动供油),以减轻摩擦阻力,防止烧结。旋转体均设有密封垫,以防止进入地下水或砂土。为了提高润滑和密封性能,需常加注润滑油脂。系统自动监视刀盘旋转时的注脂情况,若回路出现异常,盾构将自动停机。主轴承密封示意如图 5-11 所示。

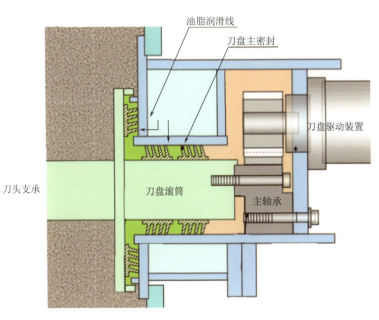

图 5-11　主轴承示意图

5.3.3　掘进系统

盾构机掘进系统由 20 根千斤顶、1 个液压泵和 1 个电动机组成。千斤顶支撑在已拼接的管片衬砌上,产生反作用力,推动盾构机前进,最大掘进推力达 50000kN。支座设计成铰接式,千斤顶表面贴有橡胶垫,使作用力均匀传递到管片环面。

盾构机千斤顶分为若干扇区,每个扇区可独立控制,其中,4 根千斤顶上装有行程计,3 个行程计为钢丝式工程机,1 个千斤顶行程计为内置式工程机,用以检测其伸缩行程、速度以及掘进方向。调节各组扇区千斤顶的行程,纠正或控制盾构机掘进的方向。拼装管片时,可单独伸缩各千斤顶。千斤顶全速工作时伸出速度可达 8cm/min。

5.3.4　铰接装置

盾构机配备中折装置和仿行刀,铰接装置为"V"形平面铰接方式(主动铰接),工作压力为 35MPa,最大铰接角度可达 1.5°,对应的最小转弯半径约 160m,满足盾构顺利转弯与上下坡及纠偏的要求。另外,在盾构机铰接处设有机械限位,避免盾构机推进时前后壳体脱开。千斤顶设有行程计，实时获取前后壳体相对姿态数据。前后壳体承插处设两道优质密封橡胶，以防泥水渗入盾构机。

5.3.5 注浆系统

当盾构机推进时，围岩与管片间因盾尾抽脱及超挖等原因形成空隙，需注浆充填。及时注浆能控制空隙引起的土体沉降，压实松动的围岩，提高隧道止水性，防止管片漏水，将管片与围岩一体化，确保管片衬砌的稳定性。

本注浆系统为 AB 双液注浆，其中，A 液为水泥浆，B 液为水玻璃。上述注浆系统由 A 液搅拌系统、蓄浆桶和 A 液泵、B 液桶和 B 液泵、高压软管、各种压力表及阀门组成。盾尾外壳配置 4 处同步注浆管，如图 5-12 所示。盾构机配置 2 套 1 同步单液注浆泵（$8m^3/h$）和 1 套双液管片注浆泵（$9m^3/h$）。

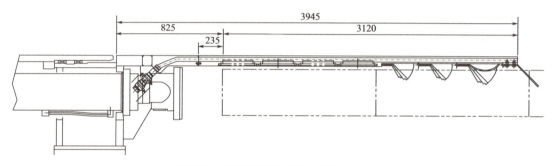

图 5-12 注浆系统示意图（单位：mm）

通过调节注浆泵工作频率，在指定范围内连续调整注浆压力，并通过同步监测系统监测注浆压力变化。单个注浆点的注入量和注浆压力信息被反馈至中央控制室，以便于储存和检索注入水泥浆、水玻璃的相关数据。

5.3.6 管片拼装机

管片拼装机安装在后壳体，为环状齿轮龙门式，附加 2 个升降千斤顶、1 个滑动千斤顶和 A、B 两种各两个支承千斤顶，由 3 台具有伸缩、前后移动、左右转功能的液压马达驱动。采用无线遥控盒控制，工作时以旋转信号灯、蜂鸣器加以警示。采用插销式管片吊装件，其制动器液压马达可防止突然停电或液压管损坏时管片安装器失控。拼装机旋转范围为±220°，自由度为 6 个，安装管片过程中盾构千斤顶以低压支撑切削面，防止盾构机插入切削面（工作压力可调整）。

5.3.7 泥水缓冲气压室

泥水缓冲气压室平衡空气压力和泥水压力，保证挖掘面稳定。缓冲气压室呈扇形结构，如图 5-13 所示。根据切口压力目标值设定空气压力，当切口水压波动时，利用可压缩空气，实现自动缓冲（图 5-14）。

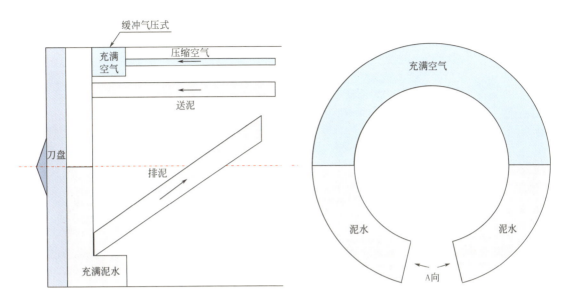

图 5-13 缓冲气压室结构示意图

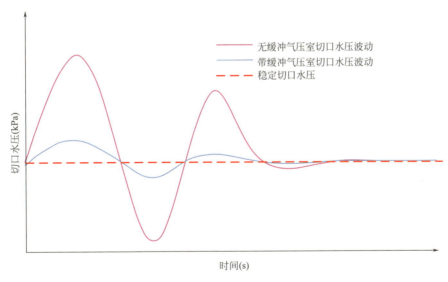

图 5-14 切口水压波动

5.3.8 环流输送系统

环流输送系统由地面泥浆调节槽、泥浆沉淀槽、泥浆处理设备、送泥泵和排泥泵（详见表 5-3）、流量和压力检测器、送排泥密度传感器、送泥管（$\phi 250$）、排泥管（$\phi 200$）、旁通管、循环管及一系列阀组构成。其中，主要阀门由电力驱动或气动驱动，转弯处管道采用耐磨钢材，环流系统输出量可达 $600 m^3/h$。

送泥泵和排泥泵　　　　　　　　　　　　　表 5-3

类别	编号	功率(kW)	备注
送泥泵	P1-1	200	
送泥泵	P1-2	75	
送泥泵	Pm	45	
排泥泵	P2	315	无极变速
排泥泵	P3	200	无极变速
排泥泵	P4	200	无极变速
排泥泵	P5	200	无极变速
排泥泵	PE	315	无极变速

5.3.9　后配套台车

后配套设备主要包括动力装置、起动箱、控制箱、油脂泵、冷却水系统、注浆设备、流体输送设备、高压电源设备等，置于盾构机后方的台车上，随着盾构机推进而移动。

5.4　泥浆处理及循环系统

泥浆处理和循环系统是泥水盾构机施工的关键环节。本工程根据湛江湾地质状况，对泥浆处理和循环系统进行了专门的设计与应用。

5.4.1　泥浆处理系统设计

1. 泥浆处理系统的工作原理

泥浆处理系统由一级除砂净化系统、二级除砂净化系统、排渣系统、回收泥浆槽和调配泥浆槽组成。施工时，根据环境系统设计选配泵送系统，以合理的流量和压力将泥浆输送至一级除渣净化系统的预筛器内。预筛器将筛除泥浆中粒径大于 3mm 的砂砾，使泥浆均匀分布于泥浆净化装置中，经漩流除砂分离及细筛脱水后，清除大部分粒径大于 74μm 的砂质颗粒。

当盾构机在砂砾石层或中砂层掘进时，泥浆经一级除砂净化系统后已满足要求，可转换出浆阀门，净化后泥浆直接进入回收泥浆槽，由制浆系统的高速制浆机在调配泥浆槽内适时调浆后，泵送回井下。

当盾构机在粉土或粉砂层掘进时，一级除砂净化系统未能使泥浆比重、含砂量降至合理范围时，可转换出浆阀门，使泥浆进入二级除砂净化系统。漩流除砂器将清除泥浆中余下的粒径大于 74μm 的砂质颗粒以及大部分粒径大于 45μm 的泥质颗粒。二次除砂后的泥浆由出浆口自流入回收泥浆槽，经调浆后泵送回井下。

2. 泥浆的分级处理

本工程的泥浆处理采用 2 级处理——第一级处理是分离切削排泥中粒径大于 $74\mu m$ 的砂砾成分，渣料含水率小于 30%；第二级处理是分离切削排泥中粒径大于 $45\mu m$ 的砂砾与砂成分。

除砂层外，湛江湾其余地层中的粉粒、黏土含量较高，土层自造浆能力较强，每一环泥浆经处理后只需添加清水稀释即可满足要求，且泥浆量充裕，部分泥浆无需处理可直接废弃，减轻了泥水处理设备的工作量。稳妥起见，本工程按照所有泥浆均需处理的标准配备泥水处理系统，如图 5-15 所示，设施占地面积约 $4600m^2$。泥浆处理工艺流程见图 5-16，采用的泥浆处理设备列于表 5-4。

图 5-15 泥浆处理系统图

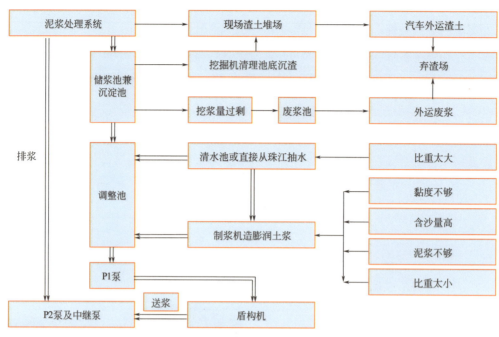

图 5-16 泥浆处理工艺流程图

φ6280 泥水式盾构机泥水处理设备一览表　　　　　　　　表 5-4

设备名称		设备规格	数量	设备能力 (kW×n=kW)	设备重量 (kg×n=kg)
低头型网筛 SLH-1542 （Ⅱ）	1)	低头型双层网筛 SLH-1542	1		
	2)	机架、作业台、操纵面板	1	22×1=22	12400×1=12400
		机内管线敷设	1套		
	3)	防振装置（气垫式）	1套		
	4)	喷淋泵（用于清洗网筛表面） 0.15m³/min×150mH	1	15×1=15	400×1=400
一次分离机 SGS-1536（Ⅱ）-5 特殊型	1)	离心泵(P-1)耐磨型水底抽砂泵 2.5m³/min×20mH	6	37×6=222	945×6=5670
	2)	分离机(MD-9) φ230 橡胶衬垫	13		
	3)	低头型双层网筛 1500mm×3600mm	2	22×2=44	16900×2=33800
	4)	机架、作业台、操纵面板 机内管线敷设	1套		
	5)	防振装置（气垫式）	1套		
	6)	防振装置用压缩机（共用）	1	0.4×1=0.4	354×1=354
	7)	泥浆接收槽（共用） 钢板结构（一体型）	1		3500×1=3500

续表

设备名称	设备规格		数量	设备能力 (kW×n=kW)	设备重量 (kg×n=kg)
调整槽	1)	钢板结构(分割型带搅拌机) 200m³	1	11×1=11	8900×1=8900
	2)	单管式比重检测器 (比重检测管)	1		
	3)	取样泵 0.2m³/min×10mH	1套	2.2×1=2.2	150×1=150
调整槽泵 (P-2)	耐磨型螺旋排浆泵 2.0m³/min×10mH		1	11×1=11	450×1=450
余泥处理槽	钢板结构(分割型带搅拌机) 50m³		1	3.7×1=3.7	4600×1=4600
余泥处理泵(P-3)	耐磨型螺旋排浆泵 0.5m³/min×10mH		1	3.7×1=3.7	240×1=240
PAC槽	聚乙烯制品(一体型) φ2030mm×2085mm		1		350×1=350
PAC泵	运行中功率可变型定量泵 1~5m³/min×5kg/cm²		1	0.4×1=0.4	34×1=34
排浆槽	钢板结构(分割型带搅拌机) φ3880mm×3050mm		1	3.7×1=3.7	4600×1=4600
滤水槽	钢板结构(一体型) φ2350mm×1500mm		1		650×1=650
滤水泵 (P-6)	潜水泵 1.5m³/min×10mH		1	5.5×1=5.5	84×1=84
稀释水槽	钢板结构(矩形) 2000mm×5000mm×2000mm		1		3000×1=3000
稀释水泵	潜水泵 0.5m³/min×10mH		1	2.2×1=2.2	32×1=32
黏土溶解槽	钢板结构(一体型) φ1500mm×2160mm		1	3.7×1=3.7	1100×1=1100
黏土输送泵 (P-8)	耐磨型螺旋排浆泵 0.5m³/min×10mH		1	3.7×1=3.7	240×1=240
贮泥槽	钢板结构(一体型) 50m³		1	3.7×1=3.7	4600×1=4600
浓泥浆泵 (P-9)	耐磨型螺旋排浆泵 0.5m³/min×10mH		1	3.7×1=3.7	240×1=240
CMC溶解槽	钢板结构(一体型) φ1500mm×2160mm		1	1.5×1=1.5	700×1=700

续表

设备名称	设备规格	数量	设备能力 ($kW \times n = kW$)	设备重量 ($kg \times n = kg$)
CMC泵 (P-10)	单向弯曲泵 $100m^3/min \times 10mH$	1	$1.5 \times 1 = 1.5$	$60 \times 1 = 60$
清水槽	钢板结构(一体型) $\phi 2350mm \times 3050mm$	1		$1200 \times 1 = 1200$
杂用水泵 (P-16)	潜水泵 $1.0m^3/min \times 10mH$	1	$3.7 \times 1 = 3.7$	$80 \times 1 = 80$
清水泵 (P-17)	潜水泵 $1.0m^3/min \times 10mH$	1	$3.7 \times 1 = 3.7$	$80 \times 1 = 80$
隧道内排水 处理装置 $30m^3/h$	1) 原水槽 $\phi 2350mm \times 3050mm$	1套		
	2) 原水泵(P-11)	1套	$3.7 \times 1 = 3.7$	
	3) 增稠器(矩形) 带高分子溶解槽带操纵面板	1套	$2.2 \times 1 = 2.2$ $0.2 \times 2 = 0.4$	$6250 \times 1 = 6250$
	4) PAC泵(P-12)	1	$0.2 \times 1 = 0.2$	
	5) 高分子泵(P-13)	1	$0.4 \times 1 = 0.4$	
	6) 泥浆排放、返送泵(P-14)	2	$2.2 \times 2 = 4.4$	
中和装置 $30m^3/h$	1) 原水槽 $\phi 2350mm \times 3050mm$	1套		
	2) 原水泵(P-15)	1套	$2.2 \times 1 = 2.2$	
	3) 中和装置主体(带操纵面板)	1套		$2750 \times 1 = 2750$
	4) 二氧化碳气化装置、收集装置	1套	$5 \times 1 = 5$	
	5) 放流记录槽	1套		
土砂料斗 (一次处理)	钢板结构(分割型) 液压驱动式闸门(带液压装置) $\phi 4600mm \times 9570mm$	3	$7.5 \times 3 = 22.5$	$16000 \times 3 = 48000$
土砂量 (二次处理)	$39.75m^3$			
中央操纵柜	室内自立式面板型	1式		$150 \times 1 = 150$
现场操纵箱	室外自立式面板型	1式		$1000 \times 1 = 1000$

3. 盾构机掘进对泥浆处理系统的要求

(1) 对泥浆处理系统能力的要求：

一环长度：1500mm

最大掘进速度：60mm/min

盾构机掘进一环所需时间：1500mm÷60mm/min＝25min

盾构机对泥浆的需求流量：485.67m^3/h

盾构机排浆流量（以最大排浆量计算）：596.05m³/h

掘进一环盾构机排浆量：596.05m³/h×25min/60＝248.35m³

（2）对泥浆指标（处理结果）的要求：

液体比重：1.10～1.25

黏性（漏斗黏性）：20～35s

（3）对可靠度的要求（含砂率＜7%）：

本处理系统的可靠性主要表现在以下方面：

① 整体设计的可靠性，即处理渣浆的及时性、浆液质量的适应性；

② 设备本身的性能、质量、使用寿命等的可靠性；

③ 处理能力的富裕配置，包括设备整机和零配件的备用及沉淀池的储备功能。

5.4.2 泥浆环流系统工艺流程设计

环流系统示意图见图 5-17，该系统在泥浆处理和应用过程中不同工作状态下的工艺流程如下：

1. 旁通状态（非掘进状态）

旁通状态主要在以下三种情况下使用：

（1）当排泥浆管堵塞时，送泥浆管及切削仓内泥浆压力急剧升高，若频繁发生堵管，将引起开挖面周围土体的扰动，须退出掘进状态。具体方法：开启 V3 阀，再开启 MV3 阀，并关闭 CV1 及 CV2 阀，使前后两条旁通（机内旁通和机外旁通）通道连通，呈旁通状态。

（2）当掘进完成一环后（管片拼装期间），退出掘进状态，为了防止排泥浆管内泥沙沉淀，应将系统处于旁通状态。具体方法：开启 MV3 阀，关闭 V3 阀，先接通前方的旁通通道；当进排泥浆密度趋于相等时，关闭 MV3 阀，开启 V3 阀开，再转为机外旁通状态，实现机外旁通。

（3）旁通状态是切换各种状态的中间状态。开机或启动环流系统前，均需运行旁通状态。

2. 掘进状态

掘进状态主要由以下两个系统状态：

（1）送泥浆系统

开启送泥浆阀 V1（包括 AV1 和 CV1），采用送泥浆泵及自动调速电机调整送泥浆流量；根据掘进线路距离，确定送泥浆泵数量，以满足长距离的掘进需求。

（2）排泥浆系统

开启排泥浆阀 V2（包括 AV2 和 CV2），启动 P2、Pm、PE 泵；其中，P2、PE 泵的驱动电机随着土舱压力变化而自动调速，中继泵 Pm 为定速泵，其数量需根据掘进线路距离确定。

3. 逆循环状态

逆循环状态是本盾构机所特有的一种状态，主要用于以下几种情况：

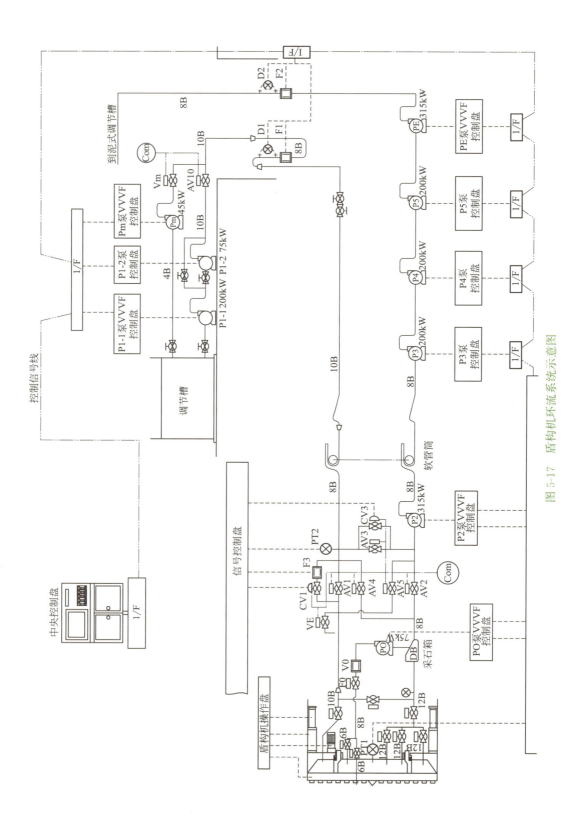

图 5-17 盾构机环流系统示意图

（1）当机内旁通与机外旁通间的管路出现堵塞时，通过正常的机内旁通无法洗通管道，可开启 AV4、MV3 \ AV5 阀，关闭 AV1 \ AV2 阀，将台车段的排泥浆管转换成送泥浆管，达到从反方向冲洗的效果。

（2）当土舱内积累了部分粒径较大的砾石时，正常洗舱时易出现堵塞排泥口的情况。为了维持掘进作业，宜采用逆循环掘进。关闭 AV1、AV2 阀，环流依次经 AV4、AV2、CV1、AV5 阀进行逆循环，分别通过底部排泥浆口和上部送泥浆口进行泥浆的输送和排放，从而避免出现砾石堵塞排泥浆口的情况。

（3）在砂层中掘进时，若排泥浆口堵塞，需采用逆循环进行洗舱或推进。

4. 切断状态

随着盾构机的不断推进，泥浆输送管道需要逐渐延伸。延伸输泥管道时，将切断泥浆供给。因此，开始作业前，须确认泥浆性能，安全排除内压，连续实施作业，迅速连接管道。因停电或设备故障等使切断状态持续时间较长时，可采用自来水系统暂时加压，以补偿开挖面的压力损失。

5.4.3　泥浆处理系统的管理

开工前，应对设备状态、管路连接、电器运行等进行检查。盾构机掘进前，通过制浆设备造浆，充填调整池，其中，浆液量需满足盾构机始发掘进的要求。

盾构机掘进时，采用沉淀池进行储浆，通过净化器进行泥浆处理。当沉淀池的沉渣超过 1.0 时，将可利用的泥浆全部回收后，采用挖掘机清理剩余沉渣。

当沉淀池内的泥浆达到设计标高时，表面泥浆将流入调整槽，以保持调整槽内泥浆的液面高度；当处理后回收的泥浆未达到送浆要求时，将通过人工造浆补充调整槽；当调整槽内的泥浆黏度或比重过高时，需加清水进行调配；当泥浆黏度或比重过低时，宜采用制浆机进行调配，确保浆液质量满足施工要求。

第6章 高水头小直径盾构海底长距离掘进施工关键技术

隧道由东海岛始发井出发,起始点隧道中心高程▽－15.0m,沿3.946%纵坡降至▽－56.0m高程后折为水平,斜坡段长1039m,水平段长为600m,再沿3.0927%纵坡上升至▽－21.64m高程到达南三岛的接收井内,斜坡段长为1111m,如图6-1所示。盾构机在长距离且大坡度的下坡段与上坡段进行掘进时,易出现电机车溜车事故与盾构后退现象,严重威胁隧道安全。掘进过程中泥浆管的接驳将溢出泥浆,极易于下坡段造成泥浆淹没机头。

始发井开挖深度约为28.5m,有效净空长度仅为14m,可利用空间有限,盾构始发施工难度大。隧道单向掘进距离长达2.75km,穿越黏土地层,长距掘进易于刀盘处形成泥饼,极大影响掘进效率与施工安全。

接收井开挖深度为34.64m,隧道洞身上部分布约2.0m厚的③-2中细砂和中砂层,洞身下部位于⑥层可塑黏土和砂质黏土上;接收井四周砂层具中等～强透水性,与海水直接连通,自稳能力差。盾构到达接收过程易产生涌水、涌砂、崩塌等现象,造成安全质量事故,施工难度极大。

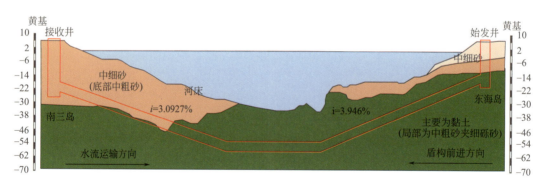

图6-1 隧道掘进示意图

针对小直径盾构在高水压复杂地质条件下长距离掘进的施工难点,本工程提出移动式反力架盾构顶管法分体始发技术,发明了一种消除盾构机泥饼的方法以及一种接收结构、快速固结软基的方法,有效解决了黏土层长距离掘进的泥饼问题,实现了盾构机在高水压复杂地质条件下的高效、安全接收。

6.1 移动式反力架盾体顶管法分体始发技术

盾构隧道工作井平面形状为圆形,其中,始发井位于东海岛,深度约为28.5m,二衬后内径净空为 16.5m，有效净空长度为 14m，而盾构机总长度约为 75m，并不具备盾构整体式始发的条件，应采用分体式。但常规固定式反力架分体始发技术存在以下不足：①需拼装 7 环负环和基准环反力架，净空仅余 2.28m，井内利用空间有限，不利于材料的垂直运输。盾构需掘进 80m 后可拆除反力架和负环管片，台车方可下井放入隧道，盾构机电气、液压、泥浆管以及水、气等盾构配套设备的线路和管路需延长约 200m，且掘进时每推 1.5m 均需进行管线的延长，工作量大，始发工期长；③盾构机电气、液压、泥浆管、水管等盾构配套设施的线路延长，材料成本投入较高。

因此，本工程提出一种移动式反力架盾体顶管法分体始发技术，有效地解决了始发井较深、可利用空间小的施工难题。

6.1.1　进洞口端头及后座土体加固

为了保证盾构机始发的安全，隧道出洞端头土体应具备良好的稳定性和防水性，以便盾构机出洞时，端头土体不坍塌、不渗漏，保证泥水循环畅通。本工程端头处主要为砂质黏土，上覆较厚砂层，地层十分软弱，且临近海边，与海水直接连通，应对进洞口端头及为盾构始发提供反力的后座土体进行加固。

1. 土体加固方法

采用双重管高压喷射注浆技术，对始发井进洞口端头及后座土体进行加固。高压喷射注浆采用咬合旋喷桩施工工艺，进行加固区间土体的整体加固。其中，加固区旋喷桩为 $\phi1000@800$，靠近洞门两排桩采用 $\phi800@600$ 加密。

2. 土体加固地层及范围

如图 6-2 所示，进洞口端头土体加固地层为隧道顶以上 4m 地层、隧道所处 6m 地层以及隧道底以下 2m 地层，加固范围取纵向加固长度为 11.25m、宽度为 22.32m（即隧道轴线两侧各 11.16m）；后座土体加固地层为隧道底以下 2m 至隧道顶以上 2m，加固范围取纵向加固长度为 10m，宽度为 13m。

3. 土体加固质量检验

端头加固完成后，需对端头加固体进行垂直抽芯和水平探孔，以检验端头加固的止水效果与加固体的稳定性。其中，垂直抽芯检验数量为加固桩数的 1%，抽芯总数不少于 3 根。水平探孔以洞门作业面按上、中、下、左、右共布设 5 个孔位进行，钻孔深度不小于 2.5m。经检验合格后，再进行连续墙内侧保护层钢筋凿（割）除。

6.1.2　盾构始发技术特点

本工程采用移动式反力架始发技术，即在初始始发阶段，始发井内仅安装盾构机主体部分，后配套台车则排列安装在始发井周边地面，盾构机主体与后配套台车之间通过延长设备管路连接；设备组装完毕后，对盾构机及配套设备进行空载、负载和泥浆处理设备的调试，确保设备正常运转、各种管线及密封件负载能力以及泥浆处理设备正常运行。

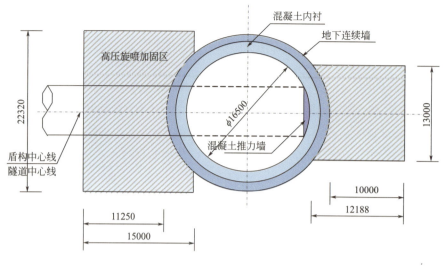

(a) 平面示意图

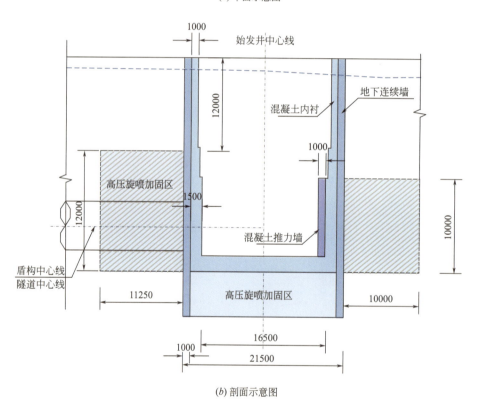

(b) 剖面示意图

图 6-2 始发井洞口端头及后座土体加固示意图（单位：mm）

该技术具有以下优点：①不必拼装负环管片；②有利于始发井空间利用，方便材料垂直运输；③1号、2号台车可尽快进入隧道，减少液压台车液压管和泥浆管的延长数量，掘进即可利用盾构台车的接管器，简化分体始发阶段环流系统接管工作，有利于提高始发掘进速度，最大限度地缩短始发工期；④减少台车与盾体之间的液压管路连接，减少电缆数量，降低液压管路的管阻与电力电缆的压降，节约施工成本。

6.1.3　盾构始发施工流程

1. 盾构机安装

（1）盾构机下井前，应根据隧道轴线确定盾构机始发姿态的位置，将托架安装就位。始发井底板预埋钢板，托架吊装至井下后，其中心应对准隧道中轴线，校正托架导轨的标高与方位后，将托架与底板预埋钢板焊接固定。

（2）受限于盾构始发井空间，盾构机采取分体始发的方式，即初始始发阶段，始发井内仅安装盾构机主体部分，后配套台车则排列安装在始发井周边的地面，两者之间采用延长设备管路进行连接。

（3）设备组装完毕后，连接液压管路、动力电缆、控制电缆，同时，连接水管、风管、气管，并现场调试设备各部件性能参数。其中，连接段管路长度应保证150m以上，随盾构机的推进而延伸。当盾构机掘进达80m时，将地面后配套台车一次性吊装至洞内与盾体相接。

始发阶段，盾构机设备布置如图6-3所示。

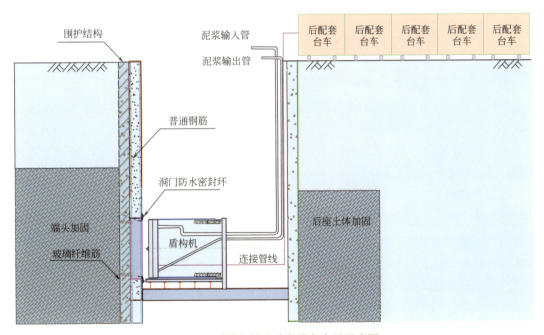

图6-3　盾构机始发阶段设备布置示意图

2. 盾构机及配套设备调试

（1）空载调试：盾构机拼装结束后，将进行液压系统、润滑系统、冷却系统、配电系统、变速系统、管片拼装机、整圆器以及各类仪表的调试，以检查设备是否正常运转，确保盾构机具有正常工作能力。

（2）负载调试：空载调试后即可进行负载调试，以检查各种管线及密封件的负载能力。对进一步完善空载调试未能完成的工作，确保盾构机各工作系统与辅助系统达到满足正常生产要求的工作状态。负载调试待安装好反力架、洞门凿除和洞门密封环板完成后进行。调试将采取严格的技术和管理措施，保证工程安全、工程质量和线型精度。

（3）泥浆处理设备调试：盾构机掘进前，泥浆处理设备须进行调试，根据始发端的地质情况，调整泥浆比重和缓冲气压室气压。调试内容包括：检验环流输送系统的泵及管路是否有漏浆现象、校正泥水流量和密度计、检查泥浆处理设备的出土及泥浆回收是否顺畅、检查筛板是否适合始发地层的土质等。

3. 反力架安装

盾构机初始掘进推进千斤顶的作用力，采用反力架传递到始发井的后座及底板上。反力架端面应垂直于发射台水平轴，使盾构机轴线与隧道设计轴线保持平行。反力架应具有足够的刚度和强度，外形尺寸不得影响盾构机各部件布置及隧道洞口作业空间。

盾构机破除洞门向前掘进过程中，由于未拼装负环，反力架需跟随盾构机移动以便为液压千斤顶提供支撑（图6-4）。移动式反力架依据力的传递原理发挥传力作用，盾构机在掘进状态下将推进千斤顶的力通过反力架及其支撑体系传递至始发井后座及底板。盾构机推进1.5m后，停止掘进并安装防后退装置，将盾构机后退力从盾体传至反力架和底板，再收回千斤顶，将反力架前移1.5m，反力架与后座墙之间的水平钢管撑增加1.5m。以此往复，循环4次，完成盾构始发。

4. 洞口密封件安装及连续墙内侧钢筋割除

盾构始发前，在洞口处安装帘幕板密封装置以保证密封性能。洞门处连续墙外侧采用玻璃纤维筋，盾构刀盘可直接切削破除洞门，避免人工凿出洞门的风险。帘幕板安装完成后，对连续墙内侧的混凝土保护层及钢筋进行凿（割）除，确保盾构机顺利始发掘进。

5. 始发测量

盾构始发前，应对洞内所有的测量控制点进行整体、系统的控制复测，对控制点坐标进行精密、准确的平差计算。在盾构始发前的最后一次测量系统搬站中，以精密测设并经过平差的地面导线点和水准点为基准，用测量二等控制点方法精确测量测站、后视点的坐标和高程（测量经纬仪和后视棱镜的坐标和高程），每一测量点的测量不少于8个测回。受限于始发井长度，盾构始发时以7m左右的短边测量控制掘进方向，精度相对较低，需加测陀螺定向，以保证其测量精度。

6. 盾构始发进洞

盾构机始发进洞时，应注意密封装置的压入情况。若橡胶环板有可能弹出，则停止推进，对其采取加固措施，保证密封效果。当刀盘进入加固体时，将通过盾体外周的环向注浆孔注入钠基膨润土水泥浆液，以封堵刀盘超挖所产生的环形间隙，避免盾构机被困。注浆和密封装置如图6-5所示。在盾构刀盘未脱离端头加固区阶段，环向间隙注浆应紧随盾构机推进而同步进行，使其与端头加固区形成密闭的注浆封堵效果。

(a) 盾构始发初始状态

(b) 反力架跟随盾构机移动

(c) 停止掘进并安装防后退装置

(d) 收回千斤顶，反力架前移1.5m

(e) 移动式反力架安装作业二次循环

(f) 移动式反力架安装作业三次循环

(g) 移动式反力架安装作业四次循环

(h) 盾构始发完成

图 6-4　移动式反力架盾体顶管法进行盾构始发

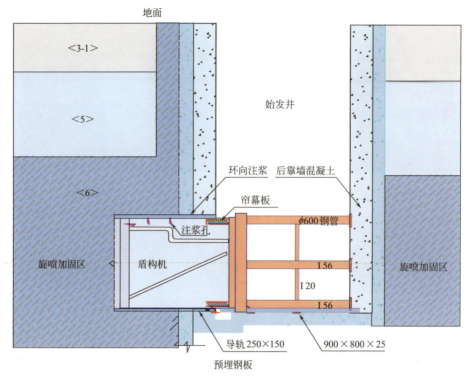

图 6-5 盾构始发布置图（单位：mm）

6.1.4 施工关键技术

（1）始发前基座定位时，盾构机轴线与隧道设计轴线保持平行，盾构中线可比设计轴线适当抬高。向前推进时，通过控制推进油缸行程使盾构机基本沿始发台向前推进。

（2）始发时，反力架和首环管片的定位，要严格控制始发托架、反力架和首环的安装精度，确保盾构机穿越洞门的中心，即掘进轴线与洞门止水布帘的中心重合。

（3）首环管片定位时，管片的后端面应与线路中线垂直。首环管片轴线应与线路的切线重合。确保首环端面与反力架立面平行，上下左右无缝接触，均匀受力。

（4）当刀盘离洞门密封环板10cm时，对压板的位置进行第一次调整；待盾构机筒体整体过了密封环板后，再根据管片的位置，对压板进行第二次调整。

（5）初始掘进时，盾构机处在托架上，因此需在托架及盾构机上焊接相对的防扭转支座，以抵抗盾构机掘进时由刀盘旋转产生的反扭矩。

（6）在始发阶段，由于设备处于磨合阶段，应控制推力和扭矩，并保证各部位油脂的有效作用。掘进总推力控制在反力架承受能力以下，确保在此推力下刀具切入地层所产生的扭矩在防扭转支座承受范围内。

（7）盾构机始发进洞时，应注意密封装置的压入情况，若橡胶环板有可能弹出，则要停止推进，对其采取加固措施，确保密封效果。

6.2 长距离软基掘进施工技术

6.2.1 盾构掘进循环时间及流程

单环管片掘进循环时间及流程见图 6-6。在施工过程中，机车往返一次需要 60min（包括材料的装卸、运输等），单个循环关键工序需要 110min。因此，隧道采用一辆电瓶车配合运输、一辆电瓶车备用，以满足掘进循环时间要求。

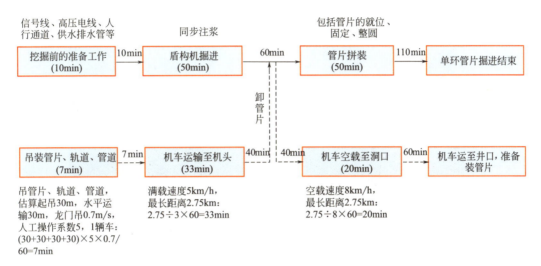

图 6-6 单环管片掘进循环流程示意图

6.2.2 洞内运输及通风和管线布置

洞内沿水平向铺设单线钢轨（22kg/m），隧道从东海岛～南三岛区间线路全长约 2.75km，盾构掘进时，需投入两组列车以满足施工需要。

每组列车由 25t 变频机车牵引一节砂浆台车、三节管片台车，如图 6-7 所示。盾构机完成一环管片安装，需由一组列车完成运输任务。当盾构机掘进一定距离后，另加一节车身用以运输钢轨、泥浆输送管及联络通道弃土，机车速度控制在 8km/h。

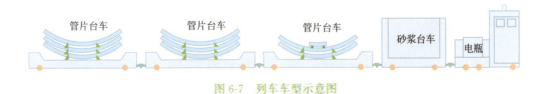

图 6-7 列车车型示意图

结合泥水盾构机施工特点，布置隧道内的管道、线路及人员进出隧道的通道。主要包括送浆管、排泥管、供水管、排污管、通风管和 10kV 的高压电缆、380/220V 照明线、信号线、运输轨线等，如图 6-8 所示。

施工时，隧道采用压入式通风以解决防尘、降温及人员和设备所需要的新鲜空气。在

图 6-8 洞内管线布置图

隧道内设置两台 37×2kW 轴流风机，配置 φ1100mm 拉链式软风管，其中一台风机设于东海岛盾构始发井隧道口，另一台设于隧道中部。

6.2.3 泥水管理

泥水加压盾构工法是将各项性能指标适宜的泥水，通过流体输送设备压入盾构机土舱，与刀盘切削的泥土混合后，经流体输送设备输送至泥水处理设备，分离出泥土及泥浆水。其中，泥浆水经沉淀槽筛分出有利用价值的泥浆水，对其进行性能指标调整，再循环使用。

泥水压力与工作面的土压力、水压力相抗衡，起到液体支撑作用；当盾构机停止掘进时，泥水使工作面形成一层抗渗性泥膜，起到稳定工作面及防止泥浆向地层泄漏作用。

工作面对泥水的过滤作用受限于土的粒径和渗透性，需加强对泥水压力和品质的控制。泥水浓度越高，稳定工作面效果越好，但流体输送设备和泥水处理设备负担也越大，应根据实际切削土体情况进行适当控制。

盾构施工应对泥浆循环系统进行综合管理，观测送排泥状态、开挖面泥水压力及泥水处理设备等运转状况，及时发现并处理突发状况。施工中，加强对盾构掘进速度、切口水压、泥水密度、排泥流量等数据的监测，判断开挖面的稳定状况，合理调整泥水各项性能指标，确保开挖面稳定。

泥水材料选用淡水、膨润土、高分子材料（CMC）、烧碱，膨润土泥浆配比见表 6-1。

新制备的泥浆须在泥浆池存放一定时间后方可使用,性能指标应满足表 6-2。不同地层中泥水比重、压力设定及施工管理重点列于表 6-3。

膨润土造浆配比表(占水的百分比) 表 6-1

水	黏土	CMC	膨润土	烧碱
1	按比重要求加入	0.03%~0.05%	10%	0.4%~0.5%

制备泥浆的性能指标 表 6-2

	项目	性能指标	检验方法
1	比重	1.1~1.3	泥浆比重计
2	黏度	18~28s	500ml/700ml 漏斗法
3	含砂率	<5%	含砂量法
4	胶体率	>95%	量杯法
5	失水量	30ml/30min	失水量仪
6	泥皮厚度	1~3mm/30min	失水量仪
7	pH 值	7~9	pH 试纸

不同地层中泥水比重、压力设定及施工管理重点 表 6-3

里程	地段	地质重点	覆土层厚度(m)	切口压力设定(MPa)	泥水比重的控制	施工管理重点
2+750~2+650	始发海滩段	以全断面⑥砂质黏土,与海水直接连通	20~26	0.2~0.3	1.1~1.15	预备足够的人造优质砂浆,使盾构机顺利始发,需要加强调整和管理
2+650~0+100	跨海段	以全断面⑥砂质黏土、盾构在 0.65MPa 的高水压下掘进。渗透性较强且与海水直接连通	20~46	0.5~0.65	1.1~1.15	控制好泥浆压力和比重,注意排水量的观测和检查,加强刀盘注水。使用砂浆处理系统分离出来的低比重泥浆。控制泥水压力,避免击穿隧道上方的软土层造成不良影响
0+100~0+000	海滩段到达	断面由⑥砂质黏土和③-2 中细砂层组合,砂层呈松散~稍密状,砂层侵入隧道的厚度约 2m,与海水直接连通,稳定性差	22~41	0.3~0.4	1.1~1.15	砂层范围大,且与海水有直接联系,需选用优质泥浆,多加膨润土,加强施工管理并控制好泥浆压力,确保安全到达

6.2.4 盾构掘进

1. 掘进方向的控制

(1) 采用 ROBOTEC 导向系统和人工测量辅助进行盾构机姿态监测。ROBOTEC 系统配置了导向、自动定位、掘进程序软件和显示器等，可在盾构主控室全天候动态显示盾构机当前位置与隧道设计轴线的偏差以及趋势。据此调整盾构机掘进方向，并控制在允许的偏差范围内。随着盾构机的不断推进，导向系统后视基准点需向前移动，通过人工测量进行精确定位。同时，校核自动导向系统的测量数据，并复核盾构机的位置和姿态，确保盾构机沿正确的方向掘进。

（2）根据盾构机姿态信息，结合隧道地层情况，操作盾构机分区推进千斤顶，控制掘进方向。在上坡段掘进时，适当增大盾构机下部千斤顶的推力和速度；在下坡段掘进时则适当增大上部千斤顶的推力和速度；在直线平坡段掘进时，则应尽量使所有千斤顶的推力与速度保持一致。在均匀地层中掘进时，保持所有千斤顶推力与速度一致；在软硬不均地层中掘进时，则应根据不同地层在断面的具体分布情况，遵循硬地层一侧推进千斤顶的推力和速度适当增大、软地层一侧千斤顶推力和速度适当减少的原则进行操作。

2. 盾构机姿态的调整与纠偏

在掘进施工中，由于地质突变等原因，盾构机推进方向可能会偏离设计轴线并超过管理警戒值。在稳定地层中掘进，因地层提供的滚动阻力小，可能会产生盾体滚动偏差；在线路变坡段或曲线段掘进，可能产生一定偏差。因此，应及时调整盾构机姿态、纠正偏差。

参照上述分区操作方法推进油缸以调整盾构姿态，将盾构机方向调整到符合要求的范围内。在曲线和变坡段，可利用盾构机的超挖刀进行局部超挖。当滚动超限时，盾构机会自动报警，应采用盾构刀盘反转方法纠正滚动偏差。

3. 方向控制与姿态调整注意事项

（1）在切换刀盘转动方向时，应保留适当的时间间隔，切换速度不宜过快，否则，将造成管片受力状态突变，损坏管片。

（2）根据工作面地层情况及时调整掘进参数，调整掘进方向时应设置警戒值与限制值，达到警戒值时，应该调整程序。

（3）蛇行纠偏时，应缓慢进行，否则将加剧蛇行发展；直线推进时，应将盾构当前位置与设计线上远方某点之间的连线作为新基准进行线形管理；曲线推进时，应保持盾构当前位置与远方某点之间的连线与设计曲线相切。

（4）推进千斤顶油压调整不宜过快、过大，否则，易造成管片局部破损甚至开裂。合理选择管片形式，确保拼装质量与精度，端面尽量与计划掘进方向垂直。

（5）盾构始发和到达时的方向控制极其重要！应严格按照始发、到达掘进的有关技术要求，做好测量和定位工作。

6.2.5 管片拼装

1. 拼装前准备

（1）管片按拼装顺序排列堆放，安装好接缝密封衬垫等防水材料，备齐接缝连接件、配件、防水垫圈等的数量和规格，并随首块管片运送抵工作面。

（2）盾构推进后的现有状态应符合拼装要求，重点检查以下三个方面：

1)距离:盾构千斤顶顶块与前一环管片环面的净距须大于管片宽度;

2)管片与盾壳四周空隙:检查前一环管片与盾壳四周间隙情况,结合前一环成果报表,确定本环拼装的纠偏量及纠偏措施;

3)盾构纵坡和举重臂中心在平面和高程上的偏离值,以确定管片拼装位置的调整措施和纠偏值。

(3)清除前一环环面和盾尾间隙内杂物,检查前一环环面防水材料是否完好。如有损坏,应及时采取修补措施;发现环面出现质量问题,应在新一环管片拼装时加以纠正。

(4)全面检查管片拼装机的动力及液压设备,检验举重钳子的灵活性与安全性。

2. 拼装作业

管片一般按先下后上、先纵后环、左右交错、纵向插入、封顶成环的工艺进行拼装。拼装时,先按各块管片位置,缩回相应位置的千斤顶,形成管片拼装空间,使管片安装到位;然后再伸出千斤顶,完成一块管片的拼装作业。千斤顶操作人员在反复伸缩千斤顶时,务必保持盾构不后退、不变坡、不变向,并密切配合拼装操作人员。逐块拼装管片时,须确保相邻两块管片接头的环面平正、内弧面平正以及纵缝的管片端面密贴。

当采用纵向全插入成环工艺时,检查千斤顶顶块至前一环环面净距不小于 $2b+2cm$,其中,b 为管片宽度;确认已拼装管片的开口尺寸略大于封口块管片尺寸;完成上述检查后,再进行封口块拼装操作,采用拼装机把封口块管片送到位,伸出对应的盾构千斤顶,将封口块管片插入成环,校正圆环,并全面检查全部纵向螺栓。

封顶成环后,测定其各项指标,按测得指标值作圆环校正,形成圆环成果报表,拧紧拼装环的所有纵、环向螺栓。在管片环脱离盾尾后,对管片连接螺栓进行二次紧固,并随时紧固。拼装过程中遇到管片损坏,应及时用规定材料修补。此外,已成环管片环面及拼装管片各面在拼装全过程中须保持清洁。

3. 管片拼装时对盾尾刷的保护

盾构机掘进时,须加强盾尾密封保护,按制定计划加注盾尾油脂。管片拼装过程中,不得将管片连接螺栓、安装工具等遗留在工作面。在盾构机完成推进作业后,应仔细检查管片拼装位置的工作面,清理各类残余颗粒性杂物。防止杂物在盾构推进过程中进入盾尾,从而对盾尾密封造成致命伤害。

6.2.6 背填注浆

背填注浆可防止盾尾空隙引起地层过量变形,提高隧道的止水性能,保证管片衬砌的早期稳定性,保证作用在管片上的外力均匀化,防止管片上浮、侧移和错台。按实施时期将其分为:

(1)同步注浆式。注浆与盾构机掘进同时进行,通过同步注浆系统和盾尾的内置注浆管,在盾构向前推进、盾尾形成空隙时,采用螺杆泵二管路(四注入点)同时注浆。注浆可根据需要采用自动控制或手动控制式。当遇到地层较软、土体流动性较好时,可采用手动控制式,调整 AB 液的初凝时间,增加注入量。

(2)即时注浆式。在每一环掘进完成后,从盾尾管片注浆孔进行背填注浆,以尽量缩短尾部产生空隙与尾部填充时间的延迟。在软弱土层、急转弯等特殊地段，可采用两套注浆系统，同时进行盾尾同步注浆和管片即时注浆。

(3) 补充注浆式。根据管片渗漏、隧道沉降等工程实际情况，可在盾尾数环后的管片注浆孔进行二次（或多次）背填注浆，控制滞后沉降，减轻隧道防水压力。

根据地质条件，本工程选定既适用于同步注浆又适用于管片注浆的双液型注浆材料，配合比列于表6-4。根据地层条件、地下水及周边情况，通过现场试验进行材料性能优化，主要物理力学性能指标应满足：

(1) A液：比重为1.1~1.25，流速控制在10s左右，分离性1h小于5%；

(2) A+B液：粘结时间控制在15s以内，粘结时间过长将造成盾尾浆液的泄漏及注入量的增大。单轴抗压强度控制在：1~2h达$0.05 \sim 0.1 \text{N/mm}^2$、1d达$0.3 \sim 0.5 \text{N/mm}^2$、28d达$1.5 \sim 2.0 \text{N/mm}^2$。

双液注浆材料配比　　　　表6-4

A液(910L)				B液
水泥	皂土	延迟剂	水	硅酸钠
250~300kg	30~100kg	3~5kg	775~820kg	90L

注浆技术参数须遵循以下原则：

(1) 注浆压力控制：通常指注入口处的压力，取值为地层水头压力加0.1~0.2MPa。

(2) 注浆量：理论值为从盾构外径面积扣除管片外径面积计算值，但由于围岩的渗透性、排水固结、超挖等原因，注浆量通常为130%~180%理论计算值。

(3) 注浆速度：同步注浆速度应与掘进速度相匹配，按盾构每完成一环1.5m掘进的时间内完成该环注浆量来确定其平均注浆速度。

(4) 注浆结束标准：采用注浆压力和注浆量双指标控制标准，即当注浆压力达到设定值，注浆量达到设计值的85%以上时，即可认为已达到质量要求。

本工程采用同步双液注浆系统，主要设备包括：

(1) 注浆控制系统：置于中央控制室，由盾构机操作人员控制，根据盾构机掘进状况，确定注浆量和AB液的凝固时间。

(2) 搅拌站：自行设计并建造一座搅拌能力为$20\text{m}^3/\text{h}$的水泥浆搅拌站。

(3) 同步注浆系统：配备砂浆旋转搅动罐、水玻璃箱、计量设备、两台螺杆注浆泵（注浆能力为$2\times12\text{m}^3/\text{h}$）、四个盾尾注入管口及其配套线路。

(4) 运输系统：采用管道输送方式，配备砂浆泵、水玻璃泵、水泵及其配套管路和阀等。

6.2.7　盾构机泥饼清除技术

盾构机掘进过程中不可避免地遇到泥饼聚结问题，特别在穿越黏土地层时尤为明显。大量泥饼聚结在刀盘与密封隔板之间，使得刀盘主轴难以旋转，聚结的泥饼不断占据泥水室或土舱，最终造成刀盘开口部位被堵塞，严重影响掘进作业，甚至无法掘进！泥饼问题一直困扰着盾构施工，通常采用施工人员在常压或带压条件下进入土舱或泥水室内进行人工清除的方法，该方法效率低且安全风险大。为弥补现有技术的不足，本工程提出一种消除盾构机土舱或泥水室内泥饼的方法，有效解决了小直径盾构在高水压复杂地质条件下长距离掘进的泥饼问题。

1. 黏土地层掘进防刀盘结泥饼措施

根据地质资料显示，本区间盾构穿越的地层主要为⑥砂质黏土地层，易在刀盘特别是中心区部位及土舱隔板前刀盘支撑之间形成泥饼，使得掘进速度急剧下降，刀盘扭矩上升，刀盘油温过高而终止盾构掘进，极大降低开挖效率。因而，在施工中采取了如下技术措施：

（1）在易形成泥饼的地层中掘进时，中央操控人员须严格监测盾构机的各种参数、合理控制掘进速度，及时使用低比重、弱碱性优质泥浆置换土舱内黏土，防止黏土在土舱内堆积，保证刀盘开口处通畅；

（2）跟踪监测泥浆处理设备的出土温度，随时探测土舱隔板的温度，及时发现异常状况；

（3）按规定的时间间隔，注入高压水清洗刀盘和土舱，并在高压水中添加分散剂，降低形成泥饼的概率或化解初步形成的泥饼。

2. 高压水喷射流清除泥饼技术

本工程专门设计一种无需人员入舱清除泥饼的新方法，该方法通过高压水喷射流切割泥饼，采用盾构机排渣系统对切割渣土进行外排的清除工艺。选择喷射压力大于40MPa的高压泵作为高压水喷射流切割泥饼的主要设备。当盾构机土舱或泥水室内形成泥饼时，盾构机停止掘进，保持土舱或泥水室压力稳定。

在盾构机土舱或泥水室密封隔板上配置设有阀门的喷射杆入舱孔，其闸阀上安装防漏导向接头，旋入带有喷射头的全外牙喷射管，管末端连接一个旋转卡口接头，接头另一端连接一个导流器。采用高压软管将导流器与高压泵相连，开启闸阀后再开启高压泵，并旋转卡口接头，将全外牙喷射管旋入盾构机土舱或泥水室内，对泥饼进行旋转喷射切割。启动盾构机排渣系统，将切割的渣土进行外排。

清除泥饼的机具如图6-9～图6-14所示。

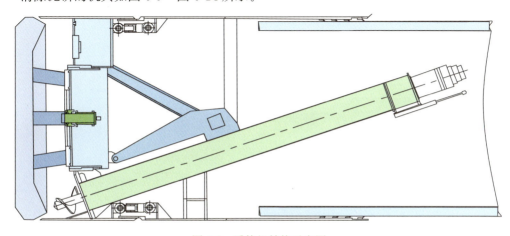

图6-9　盾构机结构示意图

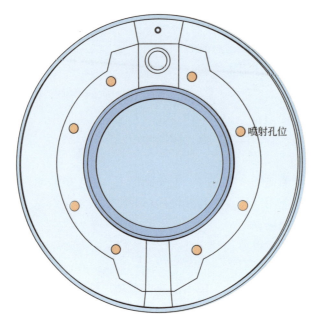

图 6-10　盾构机密封隔板喷射孔位布置示意图

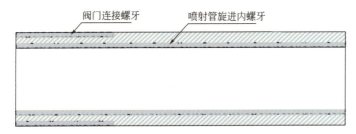

图 6-11　防漏导向接头剖视图

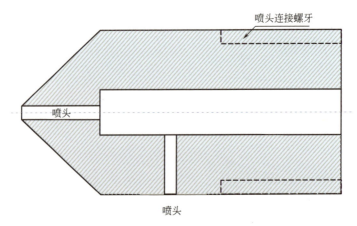

图 6-12　旋喷头剖视图

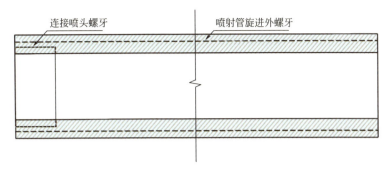

图 6-13　全外牙喷射管剖视图

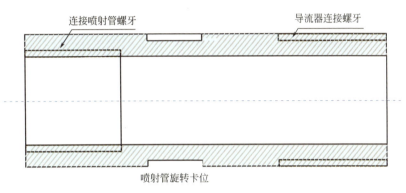

图 6-14　旋转卡口接头剖视图

6.2.8　陡坡段盾构掘进

根据隧道线形设计，本工程存在两个斜坡段，下坡段坡率为 3.946%，斜坡段长 1039m，上坡段坡率为 3.0927%，斜坡段长 1111m。为避免陡坡掘进带来的不利影响，施工中采用了防止溜车、机头进水及盾构机后退等应对措施，确保盾构掘进顺利进行。

1. 防溜车措施

（1）严格执行隧道运输车交接班制度，确保隧道运输车三套制动系统运转良好；

（2）采用逐步抬高轨枕的方法，将后备台车直接放于电瓶车同级的轨枕上牵引，直至盾构掘进到坡度比较缓和的下一区段，再采用逐渐放低轨枕，使后备台车回落到标准的高度；

（3）下坡段坡度较大时，为防止车辆车速过快，采用滑轮组与卷扬机装置，通过钢丝绳将隧道运输车与卷扬机连接，控制车速；

（4）在下坡段转入缓和段时，安装限位器，并在后备台车部分的轨道上设置三道以上限位器，以防溜车引起设备损坏和人员伤亡。

2. 防盾构机头进水措施

（1）防止管道破裂，施工中隧道内排泥管道尤其是后备台车部分的排泥管道采用加厚新管，提高其耐磨性。接头部分采用快速接头，且增加球阀数量，避免接管时过多泥水流入隧道。接头密封采用进口密封圈，保证密封性。

（2）利用砂袋堰挡水。为避免下坡段隧道内积水流向盾构机头，影响盾构施工。在隧道内用砂袋筑堰，在后备台车部分至少筑二道堰，通过多次拦截，减少流向盾构机头的积水。在下坡段，通过调整台车与隧道运输车轨道高度，提高堰体高度，增加蓄水量，并用真空泵及时排除废水。

（3）在盾构机头部设置一台真空泵，随时抽水，并配备一台备用真空泵，避免因盾构机头积水过多而影响盾构施工。

3. 防盾构机后退措施

盾构在上坡段掘进拼装管片时，盾构机会产生后退现象，使开挖面压力下降，地面产生下沉变形，造成盾尾密封损坏，施工采用如下措施以防盾构机后退：

（1）拼装管片时严格控制一次性收缩千斤顶的数量，一次性伸缩不得超过 5 根千斤顶，严格按安装单块管片所需位置分区伸缩千斤顶，以防止千斤顶卸压后刀盘在外部水土压力作用下产生后退；

（2）管片拼装到位时，及时伸出千斤顶至规定压力，控制好最小的防后退顶力；

（3）加强盾构机千斤顶及液压控制系统的检查、维修和保养工作，使盾构机始终处于良好的工作状态之中。

6.3　盾构到达接收施工技术

6.3.1　富水软弱地层盾构到达接收新技术的研究

盾构机到达接收是盾构法施工的关键环节，尤其在松散的砂土层、含水的软黏土层等软弱地层。软弱地层的自稳性和防水性较差，当盾构机进入接收井时，盾构壳体与接收井洞门不能完全密封贴合，易形成环状建筑空隙。井外土体在渗水的作用下，通过建筑空隙窜入井内，产生大量的坍塌、涌水，使施工无法进行，因而，需在接收井洞门设置防渗装置，并对洞门附近土体进行降水、加固防渗预处理。

目前，接收井段（出洞段）进行加固防渗的方法主要包括深层搅拌桩、化学注浆和冷冻法。深层搅拌桩法难以保证成桩竖直度，搅拌桩不能与接收井井壁接触良好，其下部搭接不连续、导致开叉，形成渗漏通道，易造成盾构机接收事故；化学注浆法费用较高，注浆通常采用水泥水玻璃和酸性水玻璃，前者不适用于粉细砂层及软黏土层，后者易对地下水及土体造成污染；冷冻法需进行结构冻胀防护，工程量较大，工期长、费用高。

为克服现有方法的不足，本工程研发了一种施工速度快、费用低、效果好、安全可靠的盾构机到达掘进终点的接收结构——接收井前室。同时，为提高处理富水软弱地层的效率，本工程研发了一种可实现快速固结软基的技术，相对于常规的插排水板、打砂桩、真空预压等软基处理方法，该技术效率更高，在较短时间内将软土地基处理达到设计标准。

1. "接收井前室"接收结构

盾构接收井施工完成后,在接收井洞门前端施作三道地下防渗墙,墙体深度视隧道埋深及地质状况而定。其中两道防渗墙分别设置于隧道两侧,平行于盾构隧道轴线,并预留1~2m间距以便于后续持续真空降水井施工;另一道防渗墙垂直于盾构隧道轴线,与平行于隧道轴线的两道墙相交。三道地下防渗墙与接收井井壁围封成一个竖向封闭区间,形成接收井前室。接收井前室分隔了室内土体与室外土体,阻断了前室内外地下水的水平通道,其平面布置图和效果图如图6-15、图6-16所示。

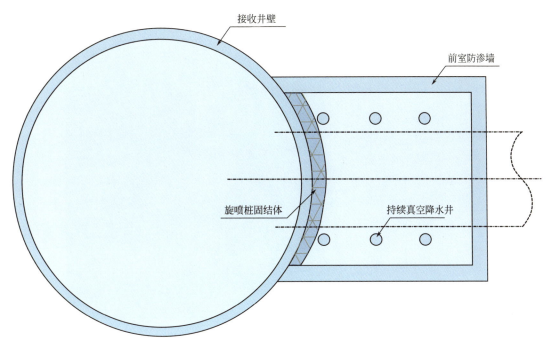

图6-15 接收井前室平面布置图

2. 快速固结软基技术

接收井前室内设置降水井,使前室内地下水位降至隧道底高程以下。其中,降水井内设新型高效持续真空降水装置,结构如图6-17所示。上述装置由抽水井管、潜水泵、排水管、孔口装置及连接件、出水管孔口短接、抽真空接口等部件组成,其中,抽水井管钻有进水孔并外包土工布。抽水井管用于抵挡外侧土体,提供真空空间并在管内积聚地下水;土工布用于拦截、过滤一定大小的颗粒物进入抽水井管内;潜水泵、排水管用于抽排放管内积聚的地下水;孔口装置及连接件、出水管孔口短接、抽真空接口用于连接外部抽排系统。

出水管孔口短接处连接带有单向阀的排水管,抽真空接口处连接抽真空吸管。抽真空泵开启后,空气被抽排,抽水井管内呈真空状态。在抽水井管内外压力差的作用下,地下水由抽水井管进水孔流入抽水井管内。启动潜水泵,将抽水井管内的水排出地面。可见,抽水井管内可持续保持真空状态,潜水泵智能控制排水,该降水工艺具有高效的排水效果。

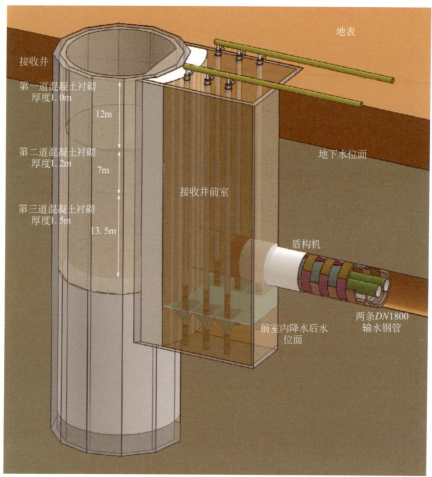

(a) 整体

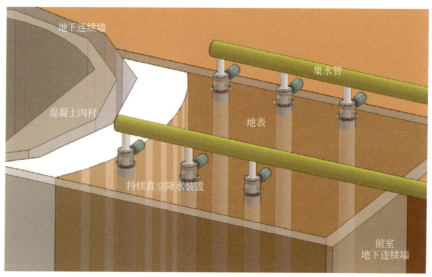

(b) 上方

图 6-16 接收井前室示意图（一）

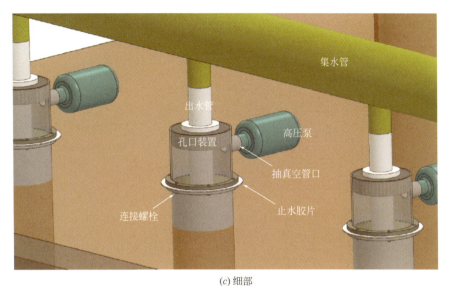

(c) 细部

图 6-16 接收井前室示意图（二）

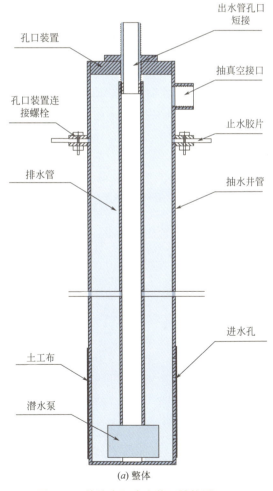

(a) 整体

图 6-17 持续真空降水装置结构图（一）

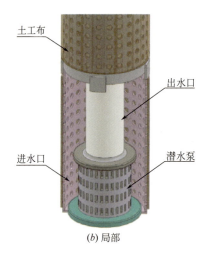

(b) 局部

图 6-17 持续真空降水装置结构图（二）

6.3.2 到达前准备

1. 端头加固及加固体质量检验

连续墙施工完成后，同步进行端头加固与基底加固，并对加固体进行垂直抽芯检验和水平探孔，以检验端头加固的止水效果和加固体的稳定性。垂直抽芯检验数量为加固桩数的1‰，抽芯总数不少于三根。水平探孔在洞门作业面的上、中、下、左、右五个部位分别布设孔位（图6-18），其中，钻孔深度不小于2.5m。检验合格后，盾构机方可进入加固区进行掘进作业。

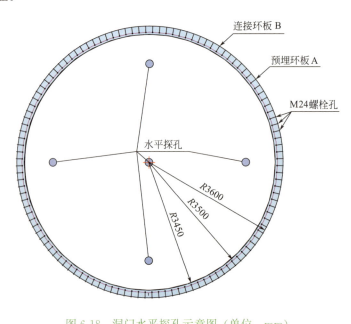

图 6-18 洞门水平探孔示意图（单位：mm）

2. 洞口预埋件安装

为了满足盾构机到达时洞口帘幕板密封装置的安装条件，需在接收井主体内衬结构施工时提前预埋洞门钢环，洞口预埋钢环的连接钢筋必须锚固至环圈梁内，并具备足够的抗拔力。

3. 贯通前测量及对洞门中心坐标进行测量确认

盾构到站前，应对洞内所有的测量控制点进行复测，操作方法详见盾构始发测量。盾构到达前 50m 地段，需加强盾构姿态和隧道线形测量，及时纠正偏差，确保盾构机从到达口顺利地进入接收井。另外，应根据实测接收井洞门位置，调整隧道贯通时盾构刀盘位置。

4. 安装洞门环板及密封装置

盾构到达时，为了防止背衬注浆砂浆外泄，需在洞口设置密封环。盾构刀盘露出洞门端头前，将洞口渣土清理干净。确认环形间隙已得到有效封堵后，将土舱压力降为零，并采用连接螺栓将帘幕板和扇形压板快速固定在 B 环板上。安装帘幕板时，及时清除底板内余渣并定位接收架。

5. 接收架及导向轨安装

根据隧道轴线确定盾构到达姿态的位置，将托架安装就位。调准标高与方位，将托架与底板面的预埋钢板焊牢，以固定盾构机的接收托架。盾构刀盘露出洞口后，清除洞口渣土，根据刀盘与接收架之间的距离与高差情况，安设盾构到站接收导轨。若刀盘低于接收架顶面，则需在导轨上焊接一个楔形钢块，保证盾构顺利到达接收架。

6.3.3 盾构到达

1. 到达出洞

（1）盾构进入到达段后，应减小推力、降低推进速度和刀盘转速，控制出土量并时刻监视土舱压力值，避免出现较大的地表隆陷。贯通前 5~6 环，进一步降低盾构掘进推力，掘进推力宜保持在 500t 左右。贯通前的最后 3 环，掘进速度须控制在 15~20mm/min。当盾构刀盘距离贯通里程小于 3m 时，掘进过程须时刻观察出洞洞口的变化情况。盾构到达阶段，密切关注盾构推进系统的推进速度、推进压力及切开压力情况。

（2）盾构刀盘前端进入接收井前室后，经前盾体的环向注浆孔注入纳基膨润土或聚氨酯，对刀盘超挖产生的环形间隙进行封堵。盾构推进过程中，应保证及时、连续、足量进行环向注浆。

（3）盾构机在到达掘进过程中，应密切注意各掘进参数的变化，细化刀盘掘进旋喷加固体段、掘进连续墙至二衬结构段等各阶段参数。协调盾构机姿态、千斤顶推力、切口压力与推进速度的相互关系，防止切削的混凝土块堵塞泥浆管道，同时，控制盾构机姿态在允许范围内。

（4）盾构机到达连续墙处，将降低推力、刀盘转速与切开压力，直接切削外侧玻璃纤维筋，直至刀盘顶住内侧钢筋，再通过人工快速割除钢筋，并及时检查到站洞口的净空尺寸，确保无钢筋嵌入设计轮廓范围内。

（5）割除钢筋时，快速将盾构接收架安装定位，清理洞口后，快速安装导向轨和帘幕板。盾构再继续向前推进、安装管片。刀盘经过洞口密封环后，调整洞口扇形压板，使洞口密封紧压盾壳。盾构应尽快连续推进并拼装管片，尽量缩短盾构机出洞时间。

（6）盾构贯通时，测设盾构轴线与接收架轴线的关系，确定接收架及其首个挡块位置。盾构上接收架前，宜在接收架的导轨上涂抹一层润滑油脂，确保盾构顺利轻松地向前滑动。盾构主机全部安装至接收架后，采用型钢在设备桥下部制作三角支撑，并将其固定于管片运输小车上，用斜撑连接牢靠，分离主机与后配套，完成盾构到站施工。

（7）盾构贯通后盾体上接收架阶段，千斤顶推力较小，刀盘前端提供给盾构千斤顶反作用力不足，易导致最后几环管片拼接不密实，环向接缝易产生渗漏。因而，拼装管片时，宜在刀盘前方的接收架上配备限位装置，阻止刀盘前移，提供千斤顶反作用力。在掘进拼装区间最后10环管片时，采用壁后双液式同步注浆，用钢筋或槽钢将相邻环的管片进行连接紧固，及时稳固管片、约束管片移动。

（8）盾体出洞上接收架时，除进行盾体环向注浆外，仍需通过盾尾注入双液浆封堵盾尾与洞门圈梁间的环形间隙。其中，注浆量按150%～200%的理论注浆量，确保封住洞门结构位置，封堵盾体在蠕动过程中产生的间隙，防止在出洞时盾构机周围涌入大量地下水和泥沙，保证盾构机在贯通出洞的安全、满足洞口的止水要求。

2. 到达要点

盾构到达的技术要点体现在：

（1）盾构到达前200m和50m时，须对高程进行多次测量，上报监理审核，并对到达洞门进行测量，以精确确定盾构位置。

（2）盾构到达前15m，应采取辅助措施加强管片环间连接，防止因盾构掘进推力的减少引起管片环间松动，从而影响密封防水效果。

（3）盾构到达前6环，掘进参数需特殊设定，保证到达端墙的稳定性。调整注浆材料配合比，必要时，采用超前注浆系统加固到达前的地层，防止因涌水、涌泥而引起的地层坍塌。

第 7 章　海边深厚强透水砂层深挖竖井施工关键技术

湛江湾跨海隧道盾构工程设有两个竖井，一个为盾构始发井，位于东海岛北部东简镇蔚律村，所处位置为连片虾塘，场地内高程起伏较大，临近湛江湾海岸，距离海边约180m；另一个为盾构接收井，位于南三岛的南岸海边海风堆积阶地水塘内，距海边约270m。

竖井地层主要为松散③-1中细砂层，⑤中细砂层，⑥可塑黏土和砂质黏土层。始发井上部▽7.5m～▽4.3m高程为松散③-1中细砂层，▽4.3m～▽－5.1m高程为稍密～中密状⑤中细砂层，▽－5.1m高程以下为⑥层可塑黏土和砂质黏土。接收井上部▽6m～▽－0.45m高程为松散③-1中细砂层，▽－0.45m～▽－29.2m高程为③-2中细砂和中砂层，▽－29.2m～▽－33.5m高程为含砾中粗砂，▽－33.5m高程以下为⑥层可塑黏土和砂质黏土。

接收井和始发井四周砂层具中等～强透水性，与海水直接连通，水位受季节和海水潮汐的影响明显，上部松散③-1层为液化砂层，自稳能力差，地下水位接近海平面▽2m高程。在海边强透水砂层修建深挖竖井施工难度大，存在砂层渗透稳定、围护结构稳定及竖井结构的抗浮稳定等问题。

本工程采用地下连续墙、高喷墙围封与排水降压相结合的综合防渗方案，首次在海边深厚强透水砂层采用"生根"形式的导墙和导向孔引导抓槽的地下连续墙施工新工艺，有效解决了槽孔顶部的砂层稳定及超深地下连续墙的接缝开叉问题；研发的新型高压喷射注浆系统，克服了高压喷射注浆质量控制依赖经验人为判断的不足，成功实施了深厚软土地基的加固。

7.1　地下连续墙施工技术

盾构始发井和接收井均为圆形竖井，外壁为地下连续墙，内壁为现浇钢筋混凝土衬砌，其围护结构采用地下连续墙与旋喷桩相结合的围护形式。

始发井地下连续墙设计深度为37.5m，厚度1.0m，内径19.5m。始发井开挖深度为28.5m，内壁为现浇钢筋混凝土衬砌；▽7.5m～▽－4.5m内衬厚度为1.0m，▽－4.5m～▽－8.5m内衬厚度为1.2m，▽－8.5m～▽－19.0m内衬厚度为1.5m，衬后始发井最小直径为16.5m。

接收井地下连续墙设计深度为57m，厚度1.0m，内径19.0m。接收井开挖深度34.64m，内壁为现浇钢筋混凝土衬砌；▽7.0m～▽－5.0m内衬厚度为1.0m，▽－5.0m～▽－12.14m内衬厚度为1.2m，▽－12.14m～▽－25.64.0m内衬厚度为1.5m，衬后接收井最小直径 16.0m。

始发井、接收井内衬均采用钢筋混凝土结构,逆作法分段施工,井底部采用 $\phi1000@800$ 旋喷桩进行加固封底处理,加固深度为始发井 6m,接收井 10m,底板采用 2m 厚钢筋混凝土封底。

盾构始发井和接收井的地下连续墙周长分别为 64.4m 和 62.8m,各划分为 12 个单元槽段。Ⅰ、Ⅱ期各 6 个槽,轴线槽长均为 5.367m 和 5.236m。成槽设备采用液压抓斗及冲击反循环钻机,地下连续墙施工工艺流程如图 7-1 所示。

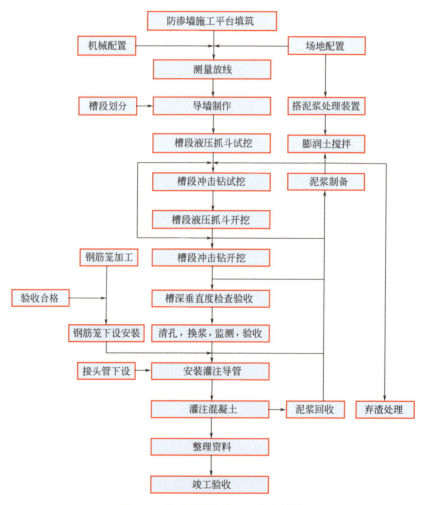

图 7-1　地下连续墙施工工艺流程图

7.1.1　生根式导墙

为克服在海滩深厚强透水粉细砂地层上建造地下连续墙易塌槽现象,本竖井工程地下连续墙导墙采用新型生根式结构,即在常规的"L"形导墙底部设置槽孔支护搅拌桩,以增强槽孔顶部的稳定。

施工流程为:平整场地→测量定位→搅拌桩施工→挖沟槽→绑扎钢筋→支模板→浇注

混凝土→拆模并设置横撑,如图 7-2 所示。其中,连体搅拌桩施工位于竖井地下连续墙两侧,搅拌桩桩径为 ϕ500mm 间距@350mm,深度为 15m,采用 GPP-5 型深层搅拌机施工,采用 4 喷 2 搅工艺(详见图 7-3)。

"L"形导墙采用 C25 混凝土现场浇注,导墙厚度为 200mm,底宽为 1500mm,高为 2000mm,导墙底部与槽孔支护的搅拌桩顶相连接成为一体,极大地增强了导墙的槽孔支护能力。

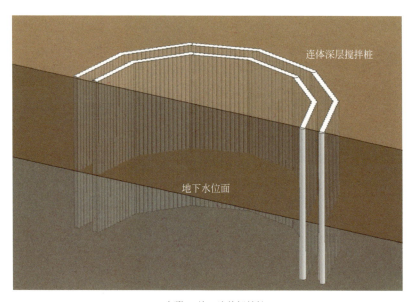

(a) 步骤1 施工连体搅拌桩

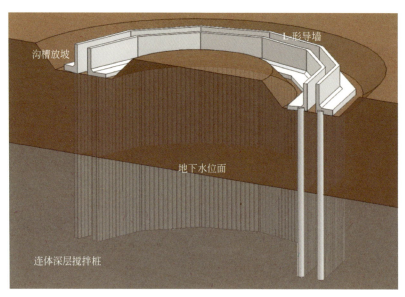

(b) 步骤2 开挖沟槽,施工生根式导墙

图 7-2 生根式导墙施工流程(一)

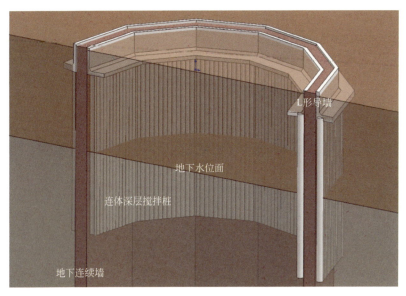

(c) 步骤3　回填覆土并压实，施工地下连续墙

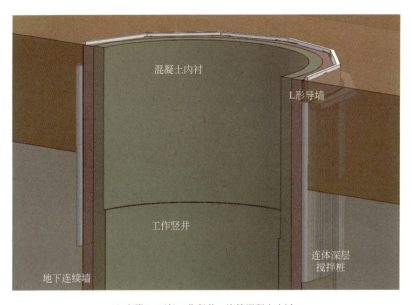

(d) 步骤4　开挖工作竖井，浇筑混凝土内衬

图7-2　生根式导墙施工流程（二）

　　图7-4为生根连续墙导墙示意图。本连续墙导墙设计宽度为1050mm，为确保工作井基坑尺寸宽度，连续墙导墙轴线外移80mm。连续墙导墙轴线误差不大于10mm，导墙顶面高程（整体）偏差控制于±10mm，导墙墙间净距偏差控制于±10mm。为保证施工精度，导墙混凝土结构采用钢制模板施工。拆模后，导墙设置临时上、下两道80mm×80mm木枋支撑，其间距为1000mm。同时，及时向槽内回填土体并夯实。

第 7 章 海边深厚强透水砂层深挖竖井施工关键技术

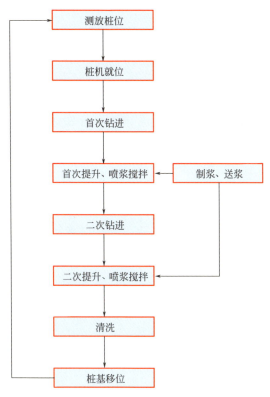

图 7-3 搅拌桩施工流程

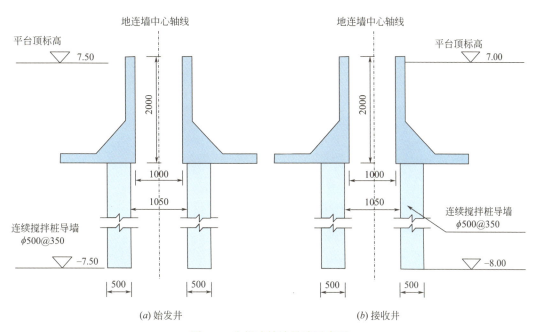

图 7-4 生根连续墙导墙示意图
(高程：m，尺寸：mm)

7.1.2 泥浆制备

本工程使用优质膨润土泥粉制备泥浆,需经制浆池、沉淀池及储存池三级处理,泥浆质量控制主要指标为:密度 1.1~1.20g/cm³、黏度 18s~25s、含砂率≤8%、胶体率≥95%,其中,当泥浆胶体率未满足相应要求时,宜添加适度的添加剂,以满足施工要求。施工过程泥浆的储存量保持 180m³ 以上,经筛分系统处理合格的泥浆将循环利用,把废弃泥浆输送到指定地点进行堆放处理。泥浆生产循环工序图如图 7-5 所示。

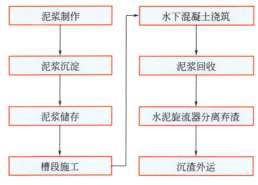

图 7-5 泥浆生产循环工序图

浇注混凝土时,自孔口流出的泥浆通过泥浆泵抽至泥浆筛分系统,用泥浆振动除砂器处理后,贮存在回浆池中备用,亦可再抽浆至造浆池内,调整后作为供浆池内新浆使用,多余泥浆将由泥浆泵抽取至密闭泥浆车进行输送。不同施工阶段的泥浆性能控制指标如表 7-1 所示。

泥浆的性能指标控制表　　　表 7-1

时段	项目	泥浆的性能控制指标	检验方法	备注
成槽时	比重	1.15~1.3	泥浆比重计	
	黏度(s)	25~30	500mL/700mL 漏斗法	
	含砂率(%)	<12	含砂量法	
	pH 值	7~9	pH 试纸	
	胶体率(%)	>95	重杯法	
	失水量(mL/min)	<30	失水量仪	
清孔后底部	比重	<1.15	泥浆比重计	槽底以上 0.2~1.0m 处
	黏度(s)	18~25	500mL/700mL 漏斗法	
	含砂率(%)	<5	含砂量法	
	pH 值	7~9	pH 试纸	
	胶体率(%)	>95	重杯法	
	失水量(mL/min)	<25	失水量仪	

7.1.3 成槽工艺

始发井连续墙周长为 64.4m，接收井连续墙周长为 62.8m，各划分为 12 个单元槽段。其中，Ⅰ序槽、Ⅱ序槽各 6 个，轴线槽长均为 5.367m、5.236m。本工程采用导向孔引导抓槽的地下连续墙施工方法，有效控制砂层中地下连续墙的垂直度，使之平整不开叉，有效保证深槽地下连续墙整体防渗效果。

1. 导向孔施工

（1）布孔：在导墙上标注出导向孔的位置，采用具有冲频率高（60 次/min）、出渣快（泵吸反循环出渣）等优点的 CZ-22 型冲击反循环钻机进行施工；

（2）导向孔施工质量检查：在施工导向孔时，每进尺约 2m，须检查成孔垂直度。方法如下：

将钻头略微提高，使钻机钢丝绳受力绷紧，且钻头处于自然状态量测钢丝绳与导墙上的控制点的水平距离 L_1，提升钻头至孔口，再次量测钢丝绳与控制点的水平距离 L_2，根据三角函数原理推算倾斜度，即：$L=(L_2-L_1)\times(h_1+h_2)/h_1$，倾斜率为 $I=[L-(L_2-L_1)]/h_2$。

当检查出倾斜率超标时，应优先采用冲击钻吊锤以小冲程钻凿法及时纠偏，如上述方法无效，则应在原孔内回填黏土、块石（必要时回填混凝土），重新钻进进行纠偏。导向孔垂直度检查如图 7-6 所示。

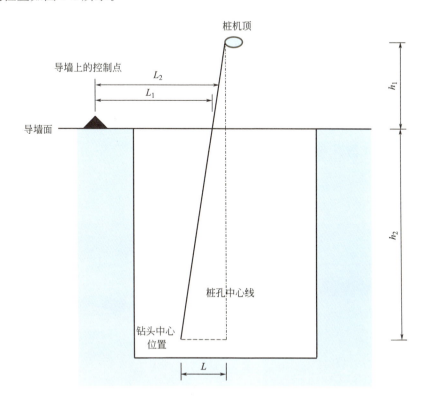

图 7-6 导向孔垂直度检查示意图

2. 抓槽施工

成槽抓斗就位,开抓时抓斗机履带与导墙垂直。为减少抓斗施工的循环时间、提高功效,每台抓斗配备两台自卸汽车接渣,将泥渣运至堆料场。

成槽垂直度是本工程的关键控制指标,为了保证成槽精度,工程采用电脑全自动纠偏系统。在液压抓斗上安装探头,实时将偏斜数据传输至驾驶室终端,使驾驶员全程监控施工中的偏斜情况,并由液压抓斗处的液压推板进行电脑全自动纠偏,从而实现成槽过程的动态控制,确保地下墙槽孔的垂直精度。施工中,应密切关注车载测斜仪器监测数据,若出现偏斜,应及时采用专用设备进行纠偏。当遇到严重不均匀或纠偏困难的地层时,需回填槽孔,并重新挖掘。

造槽时,槽内的泥浆宜保持液面在导墙顶面下 30~50cm。挖槽过程中,随着槽深向下延伸,应及时向槽内补浆,使泥浆面始终位于泥浆面标识处。抓斗出入导墙口时,须轻放慢提,防止泥浆掀起波浪,影响导墙下方及后方土层的稳定性。挖土时,悬吊机具的钢索不得松弛,钢索须呈垂直张紧状态,有效保证挖槽的垂直精度。单元槽段成槽完毕或暂停作业时,挖槽机须离开作业槽段。

3. 地下连续墙接头施工及处理

Ⅰ、Ⅱ序槽段之间的接口采用接头管方式进行处理,锁口管进行分节吊装就位操作,两节之间使用阴阳插销链接;吊装完毕后,应复核接头管入槽深度,严禁接头管悬空。

接头管采用拔管机顶升,混凝土浇注 2~4h 后,即可开始起拔接头管。初始时宜勤动少拔,一般每隔 20min 起拔 20~40cm,混凝土浇注完成 3h 后,可减少起拔次数并加大起拔高度,混凝土浇注完成 6h 后方可将接头管一次全部拔出。

Ⅱ序槽清孔时,对接头孔孔壁采用钢丝刷钻头进行刷洗,以刷子钻头上基本不带泥屑,孔底不再淤积为合格标准,直至满足设计要求。

施工流程如图 7-7 所示。

7.1.4 钢筋网制作安装

依据设计尺寸制作钢筋网,为保证钢筋网制作平直规整,钢筋网在场内进行加工,采用一台 250t 履带吊机与一台 35t 轮式吊机,进行吊放作业。

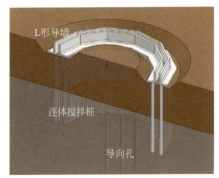

(a) 导向孔施工

图 7-7 地下连续墙接头处理施工工序(一)

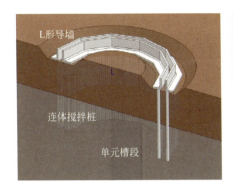

(b) 抓槽施工

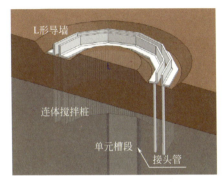
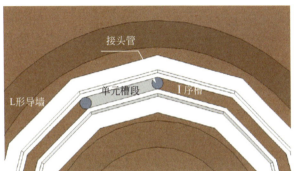

(c) 下接头管

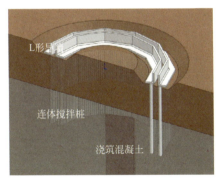
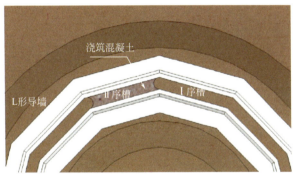

(d) 浇注混凝土，拔出接头管

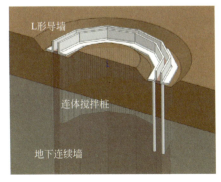

(e) 依次完成各槽段地下连续墙

图 7-7　地下连续墙接头处理施工工序（二）

1. 钢筋网制作

根据地下连续墙墙体配筋图和单元槽段划分情况制作钢筋网。其中，始发井各槽段的钢筋笼宜采用整体式，而接收井地下连续墙深度达57m，其钢筋笼宜采用分段式。根据设计主筋保护层要求，采用铁板制作定位块焊接在钢筋网上，制作钢筋网桁架时，应预先确定浇注混凝土用导管位置，使该部分上下贯通。

2. 钢筋网接头

钢筋网做成一个整体一次吊装，竖向钢筋接头采用焊接连接。钢筋网长度、宽度及网格尺寸允许偏差均控制于±10mm；网片两对角线之差不得大于10mm，网格数量应符合设计规定，钢筋网片组成的钢筋表面不得有裂纹、结疤、凹坑、油污及其他影响使用的缺陷；焊点处可有不大的毛刺。搭接焊时，焊接端钢筋应预弯，并控制两条钢筋的轴线位于同一直线。焊接时，搭接焊宜形成焊缝中引弧，在端头收弧前应填满弧坑，使主焊缝与定位焊缝的始端与终端熔合。

3. 钢筋网吊放

钢筋网起吊见图7-8，吊放作业采用250t履带吊和35t汽车吊机配合进行，以免起吊时钢筋网变形。根据钢筋网重量，可调整吊机机型。

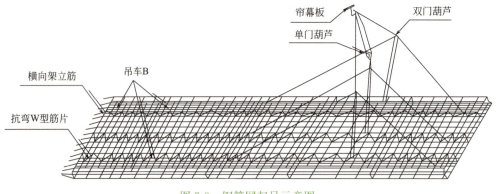

图7-8　钢筋网起吊示意图

插入钢筋网时，钢筋网对准槽段中心，垂直并准确地插入槽内。入槽时，吊点中心应对准槽段中心，徐徐下降，防止碰撞槽壁。入槽后，检查钢筋网顶端高度是否符合设计要求，再将其搁置于导墙处。

7.1.5　地下连续墙混凝土浇筑

整个槽段设置两套管径为φ250mm的导管，其间距不超过3m，距连续墙端头不超过1.5m。合格后的导管依设计规范要求进行混凝土浇注，需考虑如下注意事项：

（1）采用商品混凝土，由搅拌车运至孔口通过漏斗和导管入槽。入槽混凝土应具有良好的和易性，坍落度尽量控制在18～20cm。现场采用坍落度筒进行检测，对超出规范要求的不合格混凝土予以退货处理。

（2）隔水栓采用预制混凝土塞。开始灌注时，隔水栓吊放宜临近泥浆面，导管底端至孔底的距离宜以顺利排出隔水栓为准，一般设为 0.3~0.5m。混凝土浇注须连续进行，并控制混凝土面上升速度不小于 2m/h，导管埋深应在 1~6m 内。

（3）每一槽段混凝土的首次连续灌注量，必须保证两根导管同时开塞后能达到 0.5m 以上的埋管深度，且整个浇注过程应保持两导管均衡灌注。

（4）浇注混凝土时，必须做好浇注记录，由 35t 汽车吊配合进行导管的安装与拆卸。混凝土最终浇注高程比设计高程高 500mm。每个槽段需现场取样，留置一组混凝土样本，送至监理批准的具备相关资质的检测单位进行检测。

（5）混凝土需超浇 500mm，设计标高以上的浮浆层将采用风镐凿除，以确保混凝土硬化强度。

7.2 竖井旋喷封底施工技术

竖井基坑开挖前，首先应对基底（即竖井混凝土底板高程以下）进行旋喷封底加固施工，以减小后续竖井混凝土底板施工困难。当基坑开挖至底板高程时，进行降压井施工。

7.2.1 竖井旋喷封底施工

基坑开挖前，需对基坑底部砂质黏土层采用 $\phi1000@800$ 旋喷桩进行加固封底处理，始发井加固厚度为 6m，接收井加固厚度为 10m。旋喷桩最大施工深度达 57m，施工难度大，技术要求高。

钻机就位、调试、固定牢靠后即可开钻。钻孔孔径为 $\phi150mm$，钻进过程使用优质泥浆护壁，为避免在松散砂层出现塌孔及埋钻现象，泥浆指标宜控制在比重：1.15~1.2g/cm^3、黏度：18~23s、胶体率≥90%、含砂率≤5%，采用正循环钻进。

旋喷孔垂直度直接关系到旋喷固结体整体性质量的优劣，钻孔过程须实时监控钻孔垂直度，发现偏差及时纠正，以确保钻孔的垂直度要求。

旋喷孔施钻完成后，经检验合格才可进行旋喷施工。首先将 GP-1500 高喷台车移至旋喷孔处，调整台车处于水平位置，并将旋喷用二重管置入旋喷孔内至设计深度。置入喷射管前，使用封口胶封堵喷嘴口，以防置入喷射管时在喷射管内外压力差的作用下，孔内含砂泥浆通过喷嘴流入喷射管内造成开喷时喷嘴堵塞。

灌浆液的水灰比为 1:1。喷射管置入至预定深度后，启动高压注浆泵、空气压缩机，按设定参数开始摆动提升喷射。高压喷射灌浆应自下而上进行，注浆范围从孔底开始，一旦达到设计高程，立刻停止喷射注浆，拔出喷射管。

因故停喷后重新恢复施工时，应将喷头下放 30cm，采取重叠搭接喷射处理后，方可继续向上提升及喷射灌浆，并记录中断深度和时间。停机超过 3h 时，应对泵体输浆管路进行清洗后，方可继续施工。

施工过程中，应经常检查泥浆泵或水泵的压力、浆液流量、空压机风压和风量、钻机转速、提升速度及耗浆量。当冒浆量超过灌浆量 20% 或完全不冒浆时，应查明原因，并及时处理。

喷射注浆结束后，固结体析水收缩。为保证满足设计要求，必须及时进行静压回填灌浆，补充浆液，直至水泥浆液液面停止下沉为止。高压喷射注浆施工完毕后，及时冲洗注浆设备，摆放整齐以备使用。

旋喷施工主要设备见表 7-2。旋喷注浆主要参数列于表 7-3。

旋喷施工主要设备表　　　　　　　　　　　　　　　　表 7-2

序号	设备名称	型号	数量	功率(kW)	备注
1	旋喷注浆质量监测仪		1套		
2	高压注浆泵	GPB	1台	90	
3	钻机	SGZ-Ⅲ	2台	22	
4	高喷台车	GP-1500	1台	13	
5	孔口摆动装置	GP-C	1套	4	
6	立式搅浆机	JJS-10等	1台	4	
7	双层搅拌桶		1套	4	
8	空气压缩机	BA*75	2台	55	备用1台
9	清水水泵		4台	4	备用2台
10	灌浆泵	HB-80	4台	4	备用2台

旋喷注浆主要参数表　　　　　　　　　　　　　　　　表 7-3

参数种类	高喷管		空气		高压水泥浆(混合浆液)		
	提速 (cm/min)	摆速 (r/min)	压力 (MPa)	流量 (L/min)	压力 (MPa)	流量 (L/min)	密度 (g/cm^3)
参数	6~12	6~20	0.6~1.2	1000	30~32	70~100	1.5

7.2.2 降压井及基坑排水施工

1. 降压井施工工艺

始发井和接收井内各设有 4 个降压井，其施工流程如图 7-9 所示。降压井施工前，须封闭施工场地道路，根据设计图纸要求进行孔位测量定位，每孔埋设 ϕ1200mm 长约 1.0m 的钢护筒，测放并设立地面高程标志点。孔位测量成果检验合格后，CZ-22 冲击钻就位。钻孔采用优质泥浆护壁，冲击钻进成孔。成孔过程应严格控制钻进速度与成孔垂直度，防止孔斜，直至钻至设计井底高程。钻孔达到终孔深度后进行清孔工作，孔内泥浆密度宜控制在 1.15~1.25g/cm^3。

反滤料粒径采用：$D_{60}=6.0$mm、$D_{25}=2.5$mm、$D_{max}=10.0$mm、$D_{min}=2.0$mm，每孔储备 1.3 倍该孔填量的反滤料。滤管采用 ϕ315×9.2 的 PVC 塑料管，滤管段长度约为 18.0m，管壁每隔 35mm、沿管壁圆周隔 6.3mm 均匀钻 120 个 2mm×80mm 的条形孔。在基底至孔底处，外包三层 10 号不锈钢丝网，网孔尺寸为 2mm×2mm，采用细铜丝扎牢于 PVC 塑料管。滤管底部用松木塞封底，并用两条尺寸为 60mm×50mm×960mm 的木枋和外围 ϕ8 钢筋圈作导向装置，并在滤管的中部和上部各设置一个定位器。

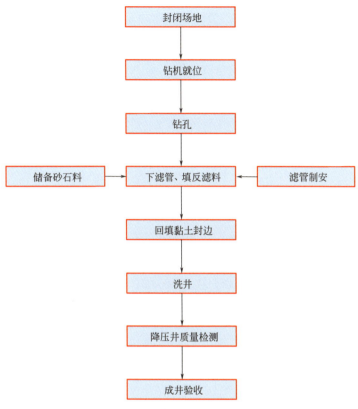

图 7-9 降压井施工流程图

成孔并验收合格后,在孔底填充 1000mm 厚的反滤料,再分段安装滤管。采用塑料焊接至地面,钢三通与 PVC 塑料管扩口连接,并用 6 根 M10 螺栓固定于连续墙外,钢三通管座垫板与检修井混凝土座采用 6 根 M16 螺栓固定。滤管段与孔壁空隙充填级配砾石反滤料,采用导管法一次性填料,反滤料填至设计高程,井口段填黏土球并夯实。

降压井成井后,采用钻杆活塞法鼓水和压缩空气洗井,直至孔内洗出清水为止。利用抽水试验检测、判定、降压井的成井质量,测定每 15min 进入降压井中的砂量,量测其体积精度至 0.05L,统计 15min 入井砂量的累积体积。抽水试验进行至当每小时入井内的砂量不超过 0.5L 时,即可认定降压井已洗净,达到设计要求。降压井洗净达到要求后,进行成井验收。

2. 基坑排水施工

基坑内设置排水盲沟与集水井。其中,排水盲沟宽 300mm、深 300mm,内部铺设一条 ϕ200 PVC 管,其管壁钻有 ϕ10~ϕ15@150×150 梅花状布置的小孔,管壁周围回填粒径为 20~40mm 的碎石,沟顶覆盖两层油毡布,上设 150mm 厚的混凝土垫层。如图 7-10 所示。

集水井开挖直径为 750mm,深度为 1m,每个基坑共设 10 个集水井。集水井中心设置 ϕ350mm 的钢护筒,底部封闭。集水井与盲沟交接处设置进水口,采用钢丝网外包封口,以防盲沟内碎石掉入井内。集水井构造图如图 7-11 所示。工作井底板施工期间,地下水流经盲沟汇入集水井进行集中抽排,待底板混凝土浇注完成 28d 后,再进行集水井封堵。

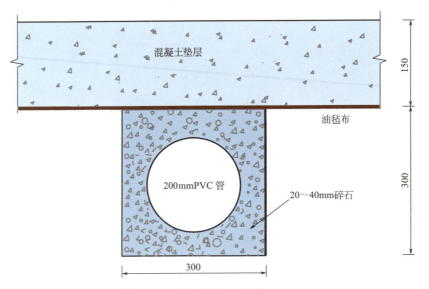

图 7-10 盲沟断面图（单位：mm）

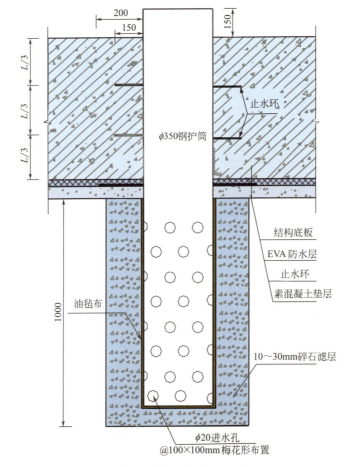

图 7-11 集水井构造示意图（单位：mm）

7.3 旋喷注浆质量监控系统

利用高压喷射注浆技术进行地基加固，已被广泛应用于基础工程施工中。但现有的高压喷射注浆施工质量控制手段尚不完善，主要依靠经验对施工质量进行判断，易造成施工质量问题。

为克服现有技术的不足，本工程研发了一种质量可实时监控的高压喷射注浆系统，该系统通过对高压喷射注浆施工过程中质量影响最大的因素——高压喷射流进行监测，发现异常及时解决，不留后患。

将超高压流量计以及与其配套的计算机数据处理器植入现有高压喷射注浆系统中，形成一套能实现高压喷射注浆过程质量控制、实时监测的系统。即在高压泵出口端设计、安装一个超高压流量计和一套监测超高压流量计的计算机数据处理器。基于超高压流量计实时采集的浆液压力、流量、浓度以及相应的时间参数，通过计算机系统进行数据统计分析，从而及时判断高压喷射注浆过程是否满足设计要求，以实现对施工质量的监测与控制。

上述高压喷射注浆系统由水泥浆搅拌机、水泥浆集料箱、高压泵、超高压流量计、计算机数据处理器、高压浆液输送管线、高压浆液喷嘴、空压机、高压气体输送管线、高压气体喷嘴等组成，如图 7-12 所示。

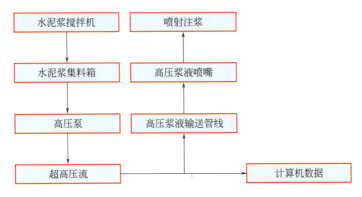

图 7-12　带有施工质量监控设备的高压喷射注浆系统

当单位时间内实施高压喷射注浆的浆液压力与喷射浆液流量满足设定值时，则高压喷射注浆的施工能满足设计要求；当单位时间内实施高压喷射注浆的浆液压力大于设定值，且喷射浆液流量小于设定值时，判断浆液输送受阻应及时对症处理；当单位时间内实施高压喷射注浆的浆液压力小于设定值，且喷射浆液流量满足设定值时，判断喷嘴磨损或高压泵磨损，或浆液输送过程泄漏，应对症处理。

具体实施方式如下：

（1）首先使用钻机按要求造出高喷孔，再将高喷管（带有喷浆嘴与气嘴的浆管与气管组成的二重管）置入高喷孔内，至设计底高程时自下而上进行喷射；

（2）水泥浆液由水泥浆搅拌机拌制，合格的浆液被送入水泥浆集料箱中供高压泵使用；高压泵进浆口一端与水泥浆集料箱相接，出浆口一端与超高压流量计的进浆口相接，超高压流量计出浆口与高压浆液输送管线相连；

（3）超高压流量计采集的浆液压力、流量、浓度和对应的时间参数由电讯插口送往计算机系统；高压泵工作时输送高压浆液经超高压流量计、高压浆液输送管线直至高喷嘴喷出切割土体，实施高压喷射注浆；高压气体由空压机产生，经高压气体输送管线至气嘴喷出，起到有效增长高压浆液喷射距离的作用。

为获取实时监控系统第一手资料，现场对高压喷射注浆可能出现的影响质量的工况开展了模拟试验，即在一定的高压泵工作频率、浆液喷嘴直径、喷管提升速度、喷管转速及气压时，通过在高压泵出口端安装的超高压流量计，实时采集浆液压力、流量、浓度和对应的时间参数，通过计算机系统进行数据统计分析，从而判断高压喷射注浆过程是否满足设计要求，其中，不包含地下障碍物的影响因素。试验设置了三种工况进行模拟验证：

（1）设定浆液喷嘴直径——按设计参数进行试验。当单位时间内实施高压喷射注浆的浆液压力与喷射浆液流量满足设定值时，经后期开挖检测高压喷射注浆（旋喷桩）的桩径满足设计要求。

（2）大于设定喷嘴直径——模拟喷嘴磨损。当喷射浆液流量满足设定值时，单位时间内实施高压喷射注浆的浆液压力则小于设定值。现场实验喷嘴直径从 1.9mm 改为大于 2.0mm 时，高压泥浆泵转速不变（890r/min），浆压从 34~36MPa 下降至 28~30MPa，而流量从 115L/min 上升至 129L/min，经后期开挖检测高压喷射注浆（旋喷桩）的桩径均值小于设定喷嘴直径所形成的桩径。

（3）封堵单边浆液喷嘴——模拟单边喷嘴堵塞。当高压喷射浆液压力一定时，喷射浆液流量不能满足设定值，需旁路溢浆，经后期开挖检测高压喷射注浆（旋喷桩）的桩径均值明显偏小。

通过试验，可以得出以下结论：

（1）当高压泵工作频率、泵压、浆液喷嘴直径、喷管提升速度、喷管转速、及气压一定时，旋喷桩施工处于正常状态。

（2）当高压泵工作频率、喷管提升速度、喷管转速及气压一定时，高压泥浆泵泵压下降，喷射浆液流量略增，判断浆液喷嘴磨损；若高压泥浆泵泵压下降，喷射浆液流量降低，判断泥浆泵磨损，旋喷桩施工处于非正常状态。

（3）当高压泵工作频率、喷管提升速度、喷管转速及气压一定时，泵压激升，喷射浆液流量减少，判断浆液喷嘴在施工过程被堵塞，旋喷桩施工处于非正常状态。

可见，带有施工质量监控设备的高压喷射注浆系统完善了施工质量控制，对施工过程的质量优劣判断及时，不留后患，保证了成桩质量，避免了事后返工、工期延误以及人力和物力的浪费，极大地提高了施工效率，加快了施工进度。本工程使用带有施工质量监控设备的高压喷射注浆系统，成功应用于始发井、接收井底部高压喷射注浆封底施工，效果良好。

附录 1　符号说明

1. 作用和作用效应

F——地下连续墙与加固土体之间的摩擦合力

M——弯矩

σ——应力

τ——单位剪切力

c——黏性土的内聚力

μ——地下水产生的上浮力

f——摩擦力

T——剪切力

γ——重度

2. 几何参数

H——深度

L——距离

ϕ——直径

D——直径

3. 计算系数及其他

λ——土体侧压力系数

μ——泊松比

K——管片环水平方向变形与竖直方向变形的相对速率

k——地层抗力系数

$k_{渗透}$——渗透系数

N——标准贯入锤击数

W——质量

F_s——安全系数

I——倾斜率

附录 2　建设掠影

盾构机外观

海上作业

附录 2 建设掠影

始发井施工

始发井地下连续墙钢筋笼吊装

始发井内景

盾构机台车起吊

附录2 建设掠影

盾体起吊

盾构始发

盾构管片生产

整装待发的盾构管片

盾构管片连接直螺栓

掘进施工中的盾构机

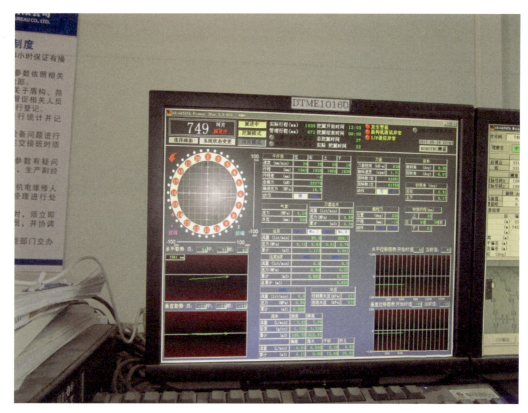

施工自动监测系统

盾构出洞

附录 2　建设掠影

跨海盾构隧道顺利贯通

已完工的跨海盾构隧道